Für alle Frauen.

Für Frauen, die gerade Kraft brauchen.
Für Frauen, die Kraft haben.
Und für Frauen, die Kraft geben wollen.

Ich bin eine davon.

NATHALIE KARRÉ

Der Power Effekt

NUTZE DEINE *Stärken*

UND *verändere* SCHRITT FÜR

SCHRITT DEIN LEBEN

Geleitwort Antje Traue 6 // Vorwort Nathalie Karré 7

Erfolg in weiblich 10

*Stereotype begleiten uns ein Leben lang 11 // Die Kosten patriarchaler Strukturen 13 //
Die vielen Facetten weiblichen Erfolgs 14*

Wenn Frauen systematisch Kraft geraubt wird 16

*Frauen werden aus der Geschichte geschrieben 17 // Unsichtbar im öffentlichen Raum 19 //
Gestaltungsarme Rollen: Frauen in den Medien 22 // Unterrepräsentiert und verborgen:
Frauen in der Musik 24 // Tief erschüttertes Vertrauen: Frauen in der Medizin 26 //
Frauen und Kinder zuletzt: fehlende Daten in Technologie und bei Künstlicher Intelligenz 29 //
Der unbedankte Spagat in der Arbeits- und Familienwelt 30 // Frauen und Geld –
über den fairen Anteil 36*

Wer auf Frauen setzt, setzt auf Erfolg 39

Ein gutes Leben für dich 41

Die Verantwortung für dein gutes Leben liegt bei dir 41

DER 5-STEP-POWER-PLAN 46

Step 1: Ausatmen.
Bereit für dein selbstbestimmtes Leben 50

*Innehalten. Die Kraft der Stille nutzen 51 // Reflexion. Gute Fragen stellen 53 //
Zeit. Freiräume schaffen 55 // Befreien. Stereotype Zuschreibungen abstreifen 58*

Step 2: Auftanken. Aktiviere deine Kräfte 61

*Im Dialog mit dir selbst. Wähle achtsame Worte 61 // Die vollen Scheunen. Blicke auf deine
erreichten Erfolge 65 // Wertvolle Werte. Lerne die Autopilotin deines Lebens kennen 70*

Step 3: Ausrichten. Gestalte deinen Platz in dieser Welt 74

Säule 1: Ein gutes Leben gibt Klarheit 77 // Säule 2: Ein gutes Leben ist vielfältig und in Balance 79 // Säule 3: Ein gutes Leben erfüllt Träume 82 // Säule 4: Ein gutes Leben hat einen tieferen Sinn 86

Step 4: Ankommen. Du bist dein Antrieb 92

Konkrete Ziele setzen. Bestimme deine Richtung 93 // Einfach machen! Jeder Erfolg beginnt mit einem ersten Schritt 95 // Selbstvertrauen. Vertraue dir und deinen Gefühlen 96 // Selbstverantwortung. Sei die Chefin deines Lebens 100

Step 5: Abheben. Dein neuer Alltag gelingt 110

Routinen festlegen. Dein neuer Alltag nimmt Gestalt an 110 // Routinen einbetten. Klug geplant und weise umgesetzt 112 // Routinen ausführen. Die besten Routinehacks für deinen Alltag 113 // Routinen prüfen. Deine Erfolge absichern 116 // Routinen feiern. Bestärke dich und genieße deine Erfolge 117 // Authentisch fordern für dich 118 // Sag es auf deine Art! Kommunikationsstrategien, um authentisch für dich einzustehen 120 // Fordere deinen gerechten finanziellen Anteil 126 // Sorge für deine Sichtbarkeit 128

Sisterhood. Jetzt bist du stark – stärke auch die anderen 132

Unterstützung geben – Unterstützung nehmen 132 // Wir wollen Frauen sehen. Immer und überall! 134 // Sprache schafft gesellschaftliche Realität 136 // Gesellschaft gemeinsam gestalten 139

Dein Power-Effekt 140 // Quellen 141 // Impressum 144

GELEITWORT
Antje Traue

Wenn ich noch vor einiger Zeit von meinem Leben erzählte, hörte ich mich oft sagen, »Das hätte ich mir nicht träumen lassen«. Aber stimmt das? Wenn ich in meine Kindheit zurücksegele und meinen Träumen von damals lausche, war alles schon da. Mit neun Jahren sah ich »Die unendliche Geschichte«. Ich erinnere mich genau, wie mich ein Schauer durchfuhr und ich weinte, als das Pferd Artax im »Sumpf der Traurigkeit« versank. Der Film war wie eine Initiation. Ich wollte Teil von Geschichten werden. Ohne darüber nachzudenken, mit kindlicher Unbeschwertheit, Neugier und Fantasie. Mit viel Tatkraft und Mut bin ich diesem Gefühl gefolgt.

Ich begann, Filme in den USA zu drehen, mit Oscar-Preisträger:innen zu arbeiten und das Leben eines internationalen Filmstars zu leben. Ein Traum, der wahr wurde. Oder nicht? Plötzlich sah ich mich mit Dingen konfrontiert, die in meinen Träumen nicht vorgekommen waren.

Ich lebte weit weg von zu Hause, ohne schützendes Umfeld, und war plötzlich aufgefordert, zu kämpfen. Für Rollen, die zu mir passen und Frauen in ihrer Kraft darstellen, ohne sie auf ihre Stereotype zu reduzieren. Und vor allem dafür, gehört zu werden. Ich erlebte immer wieder, wie meine Sicht auf einzelne Rollen und die Filmbranche insgesamt ignoriert wurde. Nicht nur als Europäerin, sondern insbesondere meine Meinung als Frau. Ich lernte, mich Widerständen zu stellen.

Heute weiß ich, dass all diese Begegnungen, Hindernisse und Umwege der Weg selbst sind. Es war wichtig, Annahmen aufzugeben und meinen erlernten Gehorsam an den Nagel zu hängen. Nur so konnte ich meine Individualität entwickeln und lernen, lebendig zu sein.

Es war ein wichtiger Wendepunkt in meinem Leben, für die Frau in mir einzustehen. Meine eigene Entschlossenheit, Anmut, Furchtlosigkeit und Weitsicht kennenzulernen ist ein wundervoller Prozess. Gespräche mit Menschen wie Nathalie Karré unterstützen diesen Prozess und ermöglichen, in die Tiefe zu gehen, sich der eigenen Potenziale bewusst zu werden und den großen Schatz persönlicher Stärken zu erfahren.

📖 Nathalie schreibt in diesem Buch vom Innehalten und Träumen, davon, den Mut zu haben, Neuanfänge zu wagen und – auf den eigenen Stärken bauend – im eigenen Leben anzukommen. Sie zeigt Schritt für Schritt den Weg, immer mehr Kraft als Frau zu entwickeln. Vor allem aber vermittelt sie, dass es unumgänglich ist, uns als Frauen gegenseitig zu unterstützen.

💕 Wie Nathalie, möchte ich, dass Sisterhood nicht nur ein Wort ist, sondern dazu beiträgt, gesellschaftlich ein tieferes Verständnis über die wahre Qualität weiblichen Miteinanders herzustellen. Bist du gut zu dir – tust du auch mir gut. Tust du dir weh – verletzt du auch mich. Wenn wir uns diese Haltung zu Herzen nehmen und uns davon leiten lassen, wird sie als leise tönende Melodie wegweisend sein.

VORWORT
Nathalie Karré

Ich weiß, dass Frauen erfolgreicher sein könnten. In ihrem persönlichen Wachstum. In ihrer beruflichen Karriere. Im Finden ihrer Berufung. Im Einstehen für sich. Im Verhandeln ihrer Freiräume, ihres Gehalts, ihrer Chancen. In der Entfaltung ihres individuellen Potenzials. Im Leben ihres eigenen Lebens.

Es tut mir weh, zu sehen, dass strukturelle Benachteiligungen nach wie vor existieren, antiquierte Geschlechterzuschreibungen wirksam sind, Frauen in Vorurteilen und Stereotypen gefangen bleiben und ihnen immer noch systematisch Kraft geraubt wird.

Als Unternehmerin, People & Culture Managerin, Business Angelina und Women4-Women-Gründerin fällt mir vielfach auf, dass Frauen sich dadurch den Erfolg, den sie haben könnten, versagen und oftmals an ihrem Leben vorbeileben. Dem Wunsch folgend, Dinge gut und richtig zu tun und an sie gestellte Anforderungen zu erfüllen, tappen Frauen in Fallen, die ihnen ein Stück weniger gutes Leben zugestehen. Ich erlebe tagtäglich, wie stark die Sehnsucht vieler Frauen ist, mehr ihres eigenen Potenzials zu verwirklichen, ihren Kurs zu korrigieren oder einen anderen Weg einzuschlagen.

Dieses Buch ist all jenen Frauen gewidmet, die sich an veralteten Strukturen die Nase blutig schlagen, die mutloser werden, müder und verzagt. Es ist für jene Frauen, die einen starken inneren Ruf spüren, etwas zu verändern, die wissen, dass sie hier sind, um etwas zu bewegen, und die die Welt als einen besseren Ort zurücklassen wollen. Und es ist für all jene Frauen, die anderen Frauen zur Seite stehen und eine aktive Kultur der Unterstützung in Bewegung setzen wollen.

Mit dem Power-Effekt möchte ich beitragen, dass Frauen einen klareren Blick auf Einschränkungen und Vorurteile gewinnen, Gender Biases und Ungerechtigkeiten schneller entlarven und Strategien entwickeln, für ihre Träume und ihr gutes Leben einzustehen. Weil es mir ein Herzensanliegen ist. Als Frau. Als Mensch.

Ich will mit diesem Buch explizit Frauen darin bestärken, in ihre Kraft zu kommen, ihre Talente und Bestimmung zu finden und ihr eigenes Leben nach ihrer Façon zu gestalten. Hier bekommen sie Rückenwind, Anregungen und Kraft. Damit lässt es sich leichter vorangehen.

DER PFAD DURCHS BUCH

Ich erzähle dir von mir. | Du erfährst mehr aus meiner Women4Women-Praxis.

Hier findest du wichtige Fakten. | Buchbonus zum Download auf S. 144

Der Power-Effekt

Erfolg in weiblich

Mehr vom eigenen Leben zu haben ist das Ziel. Doch für uns Frauen ist das nicht immer so leicht, denn wir werden häufig in Rollen gedrängt und unser wahres Ich gerät dabei in den Hintergrund.

Wie oft hast du selbst schon erlebt, dass dir als Frau Steine in den Weg gelegt worden sind? Einfach nur deshalb, weil du eine Frau bist. Wie oft hast du dich schon darüber geärgert, dass du dich selbst von Rollenklischees beeinflussen hast lassen und weniger gewagt oder dir weniger zugetraut hast, als es dir eigentlich entsprechen würde? Und wie wäre dein Leben insgesamt verlaufen, wenn es keine geschlechterspezifischen Erwartungen gäbe?

Als Frau darüber nachzudenken, wie das Leben ohne diese Klischees sein würde, eröffnet die Möglichkeit, gesellschaftliche Erwartungen und Rollenzuschreibungen für einige Momente abzustreifen und neu zu denken.

Diese Fragen für mich selbst zu beantworten, finde ich spannend. Vielleicht hätte ich eine Konzernkarriere angestrebt oder ich wäre ins Ausland übersiedelt. Wahrscheinlich wäre die Entfaltung breiter Netzwerke leichter möglich gewesen. Vielleicht wäre ich auch Ausnahmesportlerin geworden. Ich merke, dass es keine richtige Antwort darauf gibt. Doch allein die Überlegung macht deutlich, dass ich ohne Rollenklischees andere und vielfältigere Möglichkeiten gehabt hätte.

Geschlechtsspezifische Erwartungen auszublenden zeigt mir auch, dass vieles fehlen würde, was mich und mein Leben ausmacht. Mein Beruf, der auch meine Berufung ist. Beste Freundinnen, die Teil meiner Familie sind. Meine Female Community und Women4Women, mit dieser besonderen Kultur der Unterstützung. All das hätte ich vermutlich nicht realisiert, weil ich andere Prioritäten, Wünsche und Bedürfnisse gehabt hätte. Und das, obwohl ich doch der gleiche Mensch bin.

In jedem Fall macht die Frage deutlich, dass stereotype Vorstellungen unser Leben prägen und dazu führen, dass wir aufgrund unseres Geschlechts unterschiedlich handeln und behandelt werden.

STEREOTYPE BEGLEITEN UNS EIN LEBEN LANG

Geschlechterstereotype – auch Gender Biases genannt – sind gesellschaftlich geteilte Annahmen darüber, welche Eigenschaften und Verhaltensweisen Männer oder Frauen »typischerweise« haben oder haben sollten. Als fester Bestandteil unseres Denkens sind sie in unserem Unterbewusstsein gespeichert. Sie werden automatisch aktiviert, meist unreflektiert angewendet und sorgen dafür, dass sich Menschen sozial erwünscht – im Rahmen der jeweiligen Geschlechterrolle – verhalten.

Von der Wiege ...

Kinder werden vom ersten Tag an – sowohl bewusst als auch unbewusst – in diese Geschlechterrollen gedrängt. Dies führt dazu, dass sich Mädchen »typisch« weiblich und Jungen »typisch« männlich verhalten – auch wenn es gar nicht ihrem Naturell entspricht. Die Psychologin Sherry Irani fasst in ihrer Studienarbeit »Angeboren oder anerzogen?« zusammen, dass die Prägung der weitgehend kulturell anerzogenen, »typisch« weiblichen Eigenschaften Emotionalität, Empathie, soziale Kompetenz, Zurückhaltung und Mütterlichkeit bereits in den ersten Lebenstagen beginnt.

So schenken Eltern weiblichen Säuglingen mehr Körperkontakt und Zuneigung, wohingegen Jungen mehr Aktivierung und Zutrauen erfahren. Ebenso überschätzen Eltern von Beginn an die Fähigkeiten ihrer männlichen Nachkommen – vom Krabbeln bis zu Eigenschaften wie der Selbstständigkeit. Mädchen greifen sie dafür ab Tag eins häufiger unter die Arme und helfen ihnen schneller und öfter. Damit wird die vermeintliche Unterstützungswürdigkeit von Mädchen und die angeblich größere Selbstständigkeit von Jungen stetig gefördert.

Auch das angeborene Verhalten von Jungen als Säuglinge und Vorschulkinder häufiger zu weinen als Mädchen, wird – so die Beobachtungsstudien des Psychologen John Nicholson – in den folgenden Lebensjahren abtrainiert. Weinende Jungen werden zu alternativen, stereotyp männlichen Gefühlsäußerungen angeregt. Umgekehrt erhalten weinende Mädchen Trost und Zuneigung, erfahren jedoch Sanktionen, wenn sie Emotionen wie Wut, Ärger oder Zorn zeigen. Diese Korrektur ihres angeborenen emotionalen Ausdrucks führt dazu, dass Mädchen, um Erfolg zu haben, in weiterer Folge eher weinen, als sich wütend zu verhalten. Bei Jungen ist es genau umgekehrt. Sie verlernen zu weinen und kommen mit aggressiveren Durchsetzungsstrategien weiter. So wird das angeborene Verhalten beider Geschlechter über die Lebensjahre verändert. Je stärker Kinder nun die vermeintlich passenden Geschlechterstereotype an den Tag legen, umso eindeutiger erscheinen die jeweiligen Verhaltensweisen als »typisch« männlich oder weiblich. Ein Teufelskreis, der schwer zu durchbrechen ist. Gerade weil er so früh im Leben beginnt, als angeboren erscheint und weil wir glauben, dass er wahr ist.

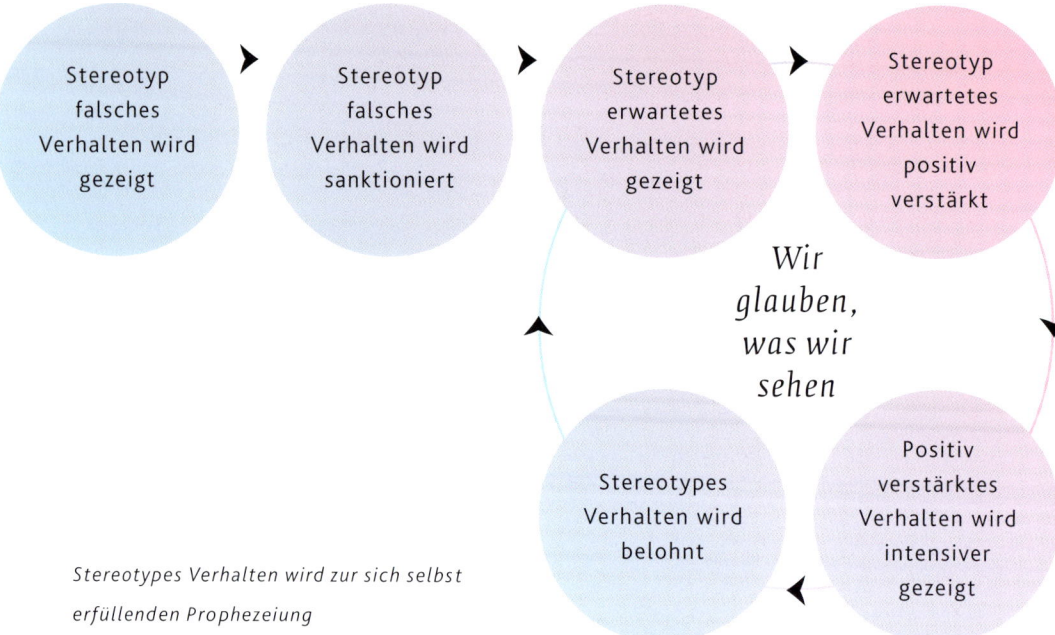

Stereotypes Verhalten wird zur sich selbst erfüllenden Prophezeiung

... bis zur Bahre

Geschichten, Filme, Bücher und Medien, die wir ab unserer Kindheit konsumieren, sind eine weitere Quelle für prägende Geschlechterstereotype. Darüber hinaus wird geschlechterkonformes Verhalten in der Familie, im Freundeskreis, in Schule und Beruf und jeglichen sozialen Situationen gefördert, indem gewünschte Eigenschaften und Verhaltensweisen verstärkt und unerwünschte sanktioniert werden. So begleiten uns Geschlechterzuschreibungen bis ins hohe Alter. Frauen und Männer denken unterschiedlich, verhalten sich unterschiedlich, fühlen unterschiedlich. Nur ist dies nicht angeboren, sondern Folge von geschlechterspezifischer Erziehung und daraus resultierenden Lebensbedingungen.

Wir werden nicht als Frauen (oder Männer) geboren, sondern dazu gemacht, wie es die französische Philosophin Simone de Beauvoir bereits 1949 auf den Punkt gebracht hat. Die aktuelle Geschlechterforschung ergänzt, dass nicht nur Frauen von den Strukturen und Dynamiken des Patriarchats betroffen sind. Auch Männer bezahlen einen Preis für die Auswirkungen, die Stereotype auf ihr Leben haben.

DIE KOSTEN PATRIARCHALER STRUKTUREN

Der Wirtschaftswissenschaftler Boris von Heesen beziffert die Kosten des Patriarchats – allein in Deutschland – mit jährlich 63 Milliarden Euro. Diese Kosten resultieren daraus, dass Männer auf Durchsetzungsstärke, Härte und Wettbewerbsorientierung geprägt werden und dadurch stärker zu Gewalt- und Suchtverhalten tendieren. Männer begehen die meisten Straftaten, belegen 94 Prozent der Plätze in deutschen Gefängnissen, machen 75 Prozent der Alkoholtoten aus und 80 Prozent der häuslichen Gewalt gehen auf das Konto von Männern – um nur einige der analysierten Kostentreiber zu nennen.
Die Ursachen für diese gesamtgesellschaftlichen Kosten, die durch stereotyp männliches Verhalten entstehen, sieht von Heesen vor allem darin, dass Männer aufgrund ihrer Sozialisation wenig Zugang zu den eigenen Gefühlen haben und sich über Dominanzgehabe, Homophobie, Sexismus und andere ungesunde geschlechterspezifische Verhaltensweisen definieren. Daraus folgend sprechen Männer seltener über Probleme und verzichten eher darauf, Psycholog:innen oder Ärzt:innen zu konsultieren. Das führt wiederum dazu, dass Männer in Problemsituationen Suizid als einen naheliegenderen Ausweg sehen, denn Hilfe bei anderen Menschen zu suchen. So führen Männer die Selbstmord-Statistik mit mehr als 75 Prozent an – und das, obwohl Depressionen bei Frauen mehr als doppelt so häufig diagnostiziert werden.

Angesichts dieser dramatischen Zahlen und der massiven Auswirkungen patriarchaler Strukturen müssen wir ein echtes Interesse daran haben, die ungesunden Dynamiken des Patriarchats aufzubrechen, um zu einer besseren Welt für uns alle zu gelangen. Der Geschlechterforscher Jens van Tricht diagnostiziert in diesem Zusammenhang, dass die patriarchale Sozialisierung beide Geschlechter einschränkt, Mädchen jedoch noch stärker als Jungen in ihren potenziellen Fähigkeiten reduziert, in ihrer Autonomie gebrochen und real benachteiligt werden.

Umso wichtiger ist es, dass gerade wir Frauen noch bewusster die Auswirkungen einschränkender Stereotype wahrnehmen, um die mit ihnen verbundenen Fallen zu umgehen.

Auch wenn wir erfolgreich und im Leben bereits weit gekommen sind, schränken uns Stereotype an vielen Stellen ein. Sie zu erkennen, die eigenen Stärken zu nutzen und das Leben zu finden, das zu uns passt, sind aus meiner Sicht wesentliche Grundlagen, um den ganz persönlichen Erfolg in weiblich zu realisieren.

DIE VIELEN FACETTEN WEIBLICHEN ERFOLGS

Auch wenn wir erfolgreich und im Leben bereits weit gekommen sind, schränken uns Stereotype an vielen Stellen ein. Sie zu erkennen, die eigenen Stärken zu nutzen und das Leben zu finden, das zu uns passt, sind aus meiner Sicht wesentliche Grundlagen, um den ganz persönlichen Erfolg in weiblich zu realisieren.

Erfolg in weiblich bedeutet,

... sich von Fesseln, Fallen und Hindernissen zu befreien

Indem Frauen jene Rollenklischees, die ihnen den Zugang zu ihrer vollen Kraft verwehren, entlarven, können sie Strategien entwickeln, diese Stereotype zu überwinden und das eigene Potenzial zu entfalten.

... seine persönlichen Stärken tatkräftig zu nutzen

Frauen sitzen häufig auf einem Schatz persönlicher Stärken, Talente und Erfahrungen. Trotzdem stellen viele Frauen ihr Licht unter den Scheffel. Sie erwähnen eher das, was sie nicht können, wo noch etwas fehlt oder was nicht ganz perfekt ist, als dass sie ihre Talente in den Vordergrund rücken. Auf diese Weise verlieren sie Kraft vor sich selbst und auch vor anderen. Erfolg in weiblich heißt, die eigenen Stärken, Fähigkeiten und Talente sichtbar zu machen und zu nutzen.

... mehr vom eigenen Leben zu haben

Auch wenn Frauen auf vielen Ebenen Steine in den Weg gelegt werden – es gilt, aus diesen Steinen etwas Schönes zu bauen oder sich an anderen Wegen zu orientieren. Erfolg in weiblich heißt, sich den persönlichen Anteil am Erfolg in allen Bereichen des Lebens zu sichern. Dazu gehört, seine Wünsche und Träume zu kennen, den eigenen Weg einzuschlagen und ihm konsequent zu folgen. Ziel ist es, am Ende des Lebens auf mehr Gutes als auf zu Bedauerndes zurückzublicken.

... an der Seite anderer Frauen zu stehen

Wenn die richtigen Dynamiken genährt werden, leben Frauen eine besondere Kultur des Miteinanders und der Unterstützung. Das stärkt jede einzelne Frau und führt dazu, dass Frauen sich gegenseitig voranbringen. Erfolg in weiblich heißt, zu wissen, wie kraftspendende und unterstützende weibliche Allianzen und Netzwerke gebaut und gepflegt werden.

... eine bessere Welt zu gestalten

Ich bin überzeugt davon – und viele Studien belegen das: Die Welt wäre eine bessere, wenn mehr Frauen erfolgreicher, also sichtbarer, wirksamer und gestaltungsmächtiger wären. Dann wäre unsere Gesellschaft kooperativer, unsere Welt friedlicher, unser Klima gesünder, unsere Natur geachteter. Frauen denken systemischer, Frauen fördern Kooperation, Frauen fangen keine Kriege an und produzieren insgesamt weniger gesamtgesellschaftliche Kosten. Es ist für uns alle sinnvoll, eine geschlechtergerechte Welt zu fördern, in der Frauen mehr gestalten, als dies bis jetzt der Fall ist.

Um Frauen zu unterstützen, ihren individuellen Erfolg in weiblich zu realisieren und kraftvoller in der Gesellschaft zu agieren, habe ich den Power-Effekt entwickelt. Er hilft, Hindernisse zu erkennen, die Frauen systematisch Kraft rauben und Strategien zu erarbeiten, um den persönlichen Weg ins gute Leben konsequent zu beschreiten.

Nun folgend geht es darum, mehr Bewusstheit darüber zu erlangen, auf welchen Ebenen und in welcher Dimension Stereotype wirken und Frauen systematisch Kraft geraubt wird. Darauf aufbauend können wir diese strukturellen Hindernisse umschiffen und die eigenen Potenziale entfalten.

Wenn Frauen systematisch Kraft geraubt wird

Frauen haben oft das Gefühl, mehr als eine Extrameile gehen zu müssen – und das zu Recht, denn es wird uns tatsächlich in vielen Bereichen systematisch Kraft geraubt. Wir tun gut daran, uns mit diesen Einschränkungen vertraut zu machen, um gegenzusteuern und die Welt konstruktiver für uns selbst und andere Frauen zu gestalten.

Frauen sind nach wie vor in zahlreichen Lebensbereichen benachteiligt. Das Ausmaß dieser strukturellen Ungleichbehandlung ist vielen nicht bekannt. Begriffe wie Gender Pay Gap, Gender Pension Gap, Gender Data Gap, Gläserne Decke und Gläserne Klippe machen deutlich, dass die Benachteiligungsphänomene so umfassend sind, dass dafür sogar eigene Bezeichnungen nötig sind. Laut Global Gender Gap Index des World Economic Forums wird es bei der derzeitigen Fortschrittsgeschwindigkeit noch 131 Jahre dauern, bis eine Gleichstellung der Geschlechter in den Bereichen »Wirtschaftliche Teilhabe & Chancengleichheit«, »Bildung, Gesundheit & Überleben« sowie »Politische Ermächtigung« weltweit erreicht wird.
Es muss aufhören, dass Frauen immer noch so auf vielen Ebenen Kraft geraubt wird. Mit dem Power-Effekt möchte ich mehr Bewusstheit für jene Bereiche schaffen, in denen weibliches Leben durch Stereotype beeinträchtigt wird. Um mehr Erfolg in weiblich zu fördern, will ich uns Frauen bestärken, die Welt nicht einfach so zu akzeptieren, wie sie ist, sondern das eigene Leben in die Hand zu nehmen und aktiv zu mehr Gerechtigkeit für uns Frauen beizutragen.

Wegschauen gilt nicht

Ein wesentlicher Aspekt, der uns Frauen Kraft raubt, ist die Tatsache, dass wir in vielen Bereichen ausgeblendet, übersehen oder ignoriert werden. Das nimmt uns weibliche Vorbilder, Sichtbarkeit und Wirkmacht. Ich werde dies anhand von sieben

Lebenswelten illustrieren, in denen das Ausblenden oder Ignorieren von Frauen besonders deutlich wird: in der Geschichtsschreibung, im öffentlichen Raum, in den Medien, in Unternehmen, in der Medizin, in der Technologie sowie im Spagat zwischen Familien- und Erwerbsleben.

FRAUEN WERDEN AUS DER GESCHICHTE GESCHRIEBEN

Den Geschichtsunterricht meiner Schulzeit habe ich noch in lebhafter Erinnerung. Ich war fasziniert von den abenteuerlichen Berichten großer Krieger und den Einblicken in die Geheimnisse aller Herren Länder. Rückblickend blieben ein schaler Beigeschmack und einige offene Fragen: War das alles? Sind all die Kriege, Staatsmänner und Feldherren tatsächlich das, was unsere Vergangenheit ausmacht? Wo sind die kraftvollen, gestaltenden Frauen unserer Geschichte?
Heute weiß ich es besser: Sie sind da. Es waren nur selektive Ausschnitte der Welt, die unsere Schulbücher vermittelten. Ausschnitte, die jene wählten, die Geschichte schreiben ließen. Die weibliche Perspektive der Geschichte wurde weitgehend ausgeblendet, verdreht oder auch einfach gelöscht. Die Frage ist eben nicht, wer Geschichte gemacht, sondern wer sie geschrieben hat. Erfreulicherweise gibt es mittlerweile immer mehr Publikationen, die auch die prägende Rolle von Frauen in der Geschichte beleuchten.

Frauen endlich ins Blickfeld rücken

Einen guten Einblick in die Dimension unerwähnt gebliebener Frauen geben Kerstin Lücker und Ute Daenschel in ihrer »Weltgeschichte für junge Leserinnen«, wo sie auf rund 600 Seiten die fehlende Perspektive von Frauen in der Geschichte ergänzen. Wir lesen von Kaiserin Theodora von Byzanz, Valentina Tereschkowa, der ersten Frau im Weltraum, von Sitt-al-Mulk, die das Amt des Kalifen von Kairo übernahm, von Malintzin, die eine maßgebliche Rolle bei der Eroberung Mexikos durch die Spanier spielte, von Wu-Zetian, die als »chinesischer Kaiser« dazu beitrug, den Buddhismus in China zu verbreiten, und von Ada Lovelace, die Mitte des 17. Jahrhunderts das erste Computerprogramm schrieb und damit das digitale Zeitalter einläutete.
Mit Beiträgen wie diesen wird die Rolle von Frauen in der Geschichte korrigiert und ihnen die Bedeutung gegeben, die sie tatsächlich hatten. Immer mehr Menschen

interessieren sich für einen wirklichkeitsnahen Blick auf unsere Vergangenheit. So wird unser Verständnis für die gestaltende Rolle von Frauen schärfer und damit gelangen immer mehr prägende Frauen der Vergangenheit in den Fokus.

Mehr als Mutter und Schutzheilige

Dieser realistischere Blick auf unsere Geschichte bringt mit sich, dass auch das historische Frauenbild der Kirche langsam einen Wandel erfährt. Die Journalistin Monika Konigorskis weist darauf hin, dass es in der Geschichtsforschung als überholt gilt, dass Frauen in der Antike vom politischen und sozialen Leben ausgeschlossen waren. Inschriften belegen Geschäftsfrauen, Synagogenvorständinnen und städtische Amtsträgerinnen zur Zeit Jesu. Auch Pfarrerin Angela Wäffler unterstreicht diese Tatsache: »Es ist für Paulus selbstverständlich: Frauen traten öffentlich auf, waren im Gottesdienst beteiligt, übernahmen Diakoninnen-Aufgaben und galten als Prophetinnen, Beschützerinnen, Helferinnen, Apostelinnen – das steht alles bei Paulus überhaupt nicht infrage.«

Männlich dominierte Sprache leistet ihren Beitrag

Ein weiterer Aspekt förderte das Fehlen von Frauen in der Geschichtsschreibung: die Verwendung von Sprache. Sabine Bieberstein, Professorin für Theologie an der Universität Eichstätt, erklärt dieses Phänomen mit der Androzentrik vieler Sprachen. Gruppen, die aus Männern und Frauen bestehen, werden im Plural mit einem männlichen Wort bezeichnet – wie es auch im Deutschen üblich ist. Für Bieberstein ist dies ein Grund dafür, dass auch die Anfänge des Christentums männerdominiert erscheinen. Die griechischen Wörter für Apostel und Jünger bezeichnen Männer und Frauen gleichermaßen und legen nahe, dass beide als Apostel gewirkt haben, jedoch nur eines der beiden Geschlechter tradiert wurde. Das Verschwinden von Frauen aus der Geschichte liegt demnach auch daran, dass wir Sprache nicht präzise verwenden und nur ein Geschlecht nennen, auch wenn mehrere Geschlechter gestaltend tätig sind. Forschungsergebnisse wie diese zeigen, dass es zwei Hauptgründe für die mangelnde Sichtbarkeit von Frauen in der Geschichte gibt: das (bewusste) Nicht-Erwähnen von Frauen und weiblichen Leistungen sowie das Verwenden einer männerzentrierten Sprache. An beiden Gründen können wir einfach ansetzen.

WAS WIR TUN KÖNNEN ...

- unser gelerntes Geschichtsverständnis reflektieren und gestaltende Frauen stärker ins Blickfeld rücken.
- hinterfragen, welche Geschichte erzählt wird – und welche Aspekte keine Berücksichtigung finden.
- uns für Frauen in der Geschichte interessieren.
- die Geschichte und Leistungen von Frauen weitererzählen.
- Sprache achtsam verwenden und Frauen den Platz geben, der ihnen zusteht.

Darüber hinaus können wir Frauen auf Wikipedia nominieren, denn auch auf Wikipedia wird die Gestaltungskraft von Frauen in geringerem Ausmaß beleuchtet. Aktuell behandeln nur 17,55 Prozent der Wikipedia-Biografien Frauen.

UNSICHTBAR IM ÖFFENTLICHEN RAUM

Wenn wir uns durch den öffentlichen Raum bewegen, filtern wir Informationen, die unser Bild der Welt und das Bild von uns selbst prägen. Auch hier fehlen weibliche Vorbilder, denn Frauen sind im öffentlichen Raum – real und virtuell – weniger sichtbar als Männer. Das zeigt sich beispielsweise in der Benennung von Straßen und Plätzen. Im deutschsprachigen Raum sind etwa 90 Prozent der Straßennamen mit Personenbezug einem Mann gewidmet. Bei Schulen ist das Verhältnis ebenfalls 90:10.

Männer, Pflanzen und Frauen

Aleksandra Kolodziejczyk und Karl Wratschko zeigen in ihrem Film »Präsenz«, dass auch in Wien nur elf Prozent der Straßen und Plätze Namen von Frauen tragen. Der Film hinterfragt neben der Quantität auch die Qualität weiblicher Präsenz im öffentlichen Raum und zeigt, dass die meisten nach Frauen benannten Flächen in

Stadtentwicklungsgebieten, neu gebauten Wohnanlagen oder in äußeren Bezirken liegen. Gemessen an der Länge und Breite sind nur drei Prozent der Verkehrsflächen nach Frauen benannt. Damit werden Frauen im öffentlichen Raum nur sehr reduziert als Vorbilder und Rolemodels gezeigt. In Graz sind übrigens mehr Straßen nach Blumen und Pflanzen benannt als nach Frauen.

Die digitale Öffentlichkeit ist männlich

Auch im digitalen Raum zeigt sich ein ähnliches Bild. Eine Studie der University of Washington belegt, dass Frauen in der Google-Bildersuche unterrepräsentiert sind. In 45 untersuchten Berufsgruppen werden sie weniger häufig dargestellt, als sie in den jeweiligen Berufen tatsächlich vertreten sind. Bei der Suche nach Geschäftsführer:innen waren nur elf Prozent der abgebildeten Personen Frauen, obwohl real 27 Prozent Geschäftsführerinnen in den USA tätig sind. Bei der Suche nach Autor:innen zeigt sich ein ähnliches Bild: Google präsentiert nur 25 Prozent Frauen, obwohl tatsächlich 56 Prozent der Schreibenden weiblich sind.

Frauen sollen Frauen sehen

Diese Unterrepräsentation von Frauen hat zwei Auswirkungen: Sie verändert das Bild und auch das Verhalten von Frauen. Wenn gestaltende Frauen nur in geringem Ausmaß gezeigt werden, wird Frauen vermittelt, sie hätten wenig Gestaltungskraft. So wird ihnen weniger zugetraut und auch sich selbst trauen Frauen dann weniger zu. Diese fehlenden Vorbilder und Belege weiblicher Erfolge führen dazu, dass Frauen verlernen, ihren Ressourcen, Stärken und Talenten zu vertrauen und sie aktiv zu nutzen. So sind sie weniger erfolgreich, als sie ohne diese stereotypen Einschränkungen sein könnten.
Hier können wir einfach Abhilfe schaffen, indem wir verstärkt für die Sichtbarkeit von Frauen sorgen. Es ist umfassend bewiesen, wie wichtig es für weibliches Selbstbewusstsein ist, erfolgreiche Frauen zu sehen, und wie unmittelbar das so gestärkte Zutrauen individuelle Fähigkeiten aktiviert und damit für mehr Erfolg von Frauen und Mädchen sorgt. Die in Harvard lehrende Verhaltensökonomin Iris Bohnet fasst in »What works« spannende Studien zusammen, die dies illustrieren:

- Die Sozialpsychologin Sapna Cheryan zeigt, dass Bilder von Frauen oder rein geschlechtsneutrale Bilder Frauen bestärken. In einem Seminarraum wurden »Star-Wars«-Poster durch Kunstbilder ersetzt. Allein diese kleine Veränderung führte dazu, dass mehr Studentinnen Frauen mit einer Karriere als Computerwissenschaftlerin assoziierten.
- Eine Untersuchung der Psychologinnen Ioana Latu, Marianna Lammers und anderer Wissenschaftler:innen ergab, dass Frauen längere und besser bewertete Reden halten, wenn sie davor kurz das Bild einer starken, weiblichen Persönlichkeit gesehen haben.
- Eine weitere Harvard-Studie belegt, dass Schülerinnen bessere Leistungen bringen und mit höherer Wahrscheinlichkeit eine wissenschaftliche Karriere anstreben, wenn in den Schulbüchern auch Bilder von Wissenschaftlerinnen zu finden sind.

Diese und weitere Studien machen deutlich: Weibliche Vorbilder beeinflussen die Leistung von Frauen und Mädchen eindeutig positiv. Wenn wir wissen, dass das Zeigen von Frauen und weiblicher Lebenswelten andere Frauen darin bestärkt, beruflich sicherer und erfolgreicher zu sein, sollten wir jegliche Chance nutzen, Frauen im öffentlichen Raum sichtbarer zu machen.

WAS WIR TUN KÖNNEN …
- vermehrt Frauen zitieren und dabei auch ihre Vornamen anführen, damit deutlich wird, wie viele Frauen gestalten sowie wirtschaftlich und wissenschaftlich tätig sind.
- uns für Karrieren und Leistungen von Frauen interessieren und ihre Erfolge mit anderen teilen.
- an andere erfolgreiche Frauen denken, wenn wir Leistung erbringen müssen.
- Vorreiterinnen und prägende Frauen in Form von Bildern, Präsentationen, Artikeln, Zitaten usw. in unseren Büros und Unternehmen zeigen.
- Verantwortliche in Unternehmen auf Fakten wie diese aufmerksam machen und Vorschläge bringen, wie das Unternehmen Frauen stärker in den Vordergrund stellen kann.

GESTALTUNGSARME ROLLEN: FRAUEN IN DEN MEDIEN

Wusstest du, dass mit Stand Dezember 2023 nur rund dreizehn Prozent der aktuell 193 Staatsoberhäupter weiblich sind? Ich ehrlich gesagt nicht. Noch bemerkenswerter finde ich, dass ihre Namen und Gesichter wenig bekannt sind. Liegt dies möglicherweise daran, dass die Medien seltener über weibliche Staatsoberhäupter berichten?

So beeinflussen sie gesellschaftliche Denkmuster und Strukturen und haben auch im Hinblick auf die Gleichstellung der Geschlechter und Sichtbarkeit von Frauen einen hohen Einfluss auf das, was wir als vermeintliches Abbild der Realität präsentiert bekommen. Welcher Teil der Wirklichkeit wird beleuchtet? Was wird weggelassen? Was wird in der Darstellung betont – und damit auch gefärbt? Nicht umsonst wird die »Macht der Medien« betont. Auch im Hinblick auf die Gleichstellung der Geschlechter und Sichtbarkeit von Frauen haben Medien einen hohen Einfluss auf das, was wir als vermeintliches Abbild der Realität präsentiert bekommen.

Eine Untersuchung der Plattform Gobal Citizen, die sich für Chancengleichheit einsetzt, gießt das Bild, das Medien von Frauen in den Nachrichten zeichnen, in Zahlen:

- Reporterinnen sind nur für 37 Prozent der Berichte verantwortlich.
- Nur 24 Prozent der Personen in Zeitungs-, Fernseh- und Radionachrichten sind Frauen.
- Nur 20 Prozent aller Expert:innen in Nachrichten sind Frauen.
- Frauen sind nur zu 16 Prozent Teil der politischen Berichterstattung.
- Nur 4 Prozent aller Nachrichtenbeiträge behandeln Geschlechterstereotype kritisch.

Diese Zahlen werden von einer Analyse der Internationalen Arbeitsorganisation ILO, einer Sonderorganisation der Vereinten Nationen, ergänzt: Demnach verstärken gut die Hälfte der Nachrichten Geschlechterstereotype und stellen die Benachteiligung von Frauen als normal dar. Darüber hinaus neigen Print- und digitale Medien dazu, Frauen stereotyp als Ehefrauen, Mütter, unterwürfig, leidend, nur im häuslichen Kontext oder als Feindin einer anderen Frau zu zeigen.

In der Studie »Audiovisuelle Diversität? Geschlechterdarstellungen in Film und Fernsehen in Deutschland« unter der Leitung von Elizabeth Prommer wurden rund 3.000 TV-Programmstunden und 800 Kinofilme ausgewertet. Das Fazit: Frauen sind unterrepräsentiert und verschwinden ab dem 30. Lebensjahr schrittweise vom Bildschirm. Dem Publikum erklären hauptsächlich Männer als Experten, Journalisten und Sprecher die Welt.

All diese Fakten zeigen ein Problem auf: Frauen werden von den Medien in stereotype Rollen gedrängt und seltener mit Kompetenz und Gestaltungsmacht in Verbindung gebracht. Wenn wir berücksichtigen, dass Medienkonsum in den industrialisierten Ländern die beliebteste (!) Freizeitbeschäftigung ist, ist dies doppelt bedenklich. Im deutschsprachigen Raum haben Menschen einen durchschnittlichen Medienkonsum von 200 Minuten pro Tag. Das entspricht 56 Tagen pro Jahr, an denen wir von dem geprägt werden, was die Medien vermitteln – oder eben nicht vermitteln. Wenn Frauen wenig oder nur in gestaltungsarmen Rollen vorkommen, führt das dazu, dass

- Leistungen, Beiträge und Engagements von Frauen keine Bühne finden und die verdiente Anerkennung ausbleibt.
- Frauen trotz hoher Expertise in untergeordnete Rollen gedrängt werden.
- Frauen und Mädchen weiterhin zu wenige bestärkende Vorbilder sehen.
- Stereotype immer weiter tradiert werden und damit Menschen beiderlei Geschlechts eingeschränkt werden, ihre Potenziale zu entfalten.

Ich bin der Überzeugung, dass mehr mediale Inhalte von, für und über Frauen ein notwendiger Schritt sind, um bestärkende weibliche Vorbilder zu zeigen, das Selbstbewusstsein von Frauen zu fördern und sicherzustellen, dass Frauen gleiche Chancen auf Bildung, Entfaltung und Wohlstand haben.

WAS WIR TUN KÖNNEN …

- Feedback an Medienunternehmen geben, um damit den Druck Richtung Sichtbarkeit von Frauen zu verstärken.
- das Thema in unserem privaten und beruflichen Umfeld sowie auf Social Media aufgreifen, um mehr Verständnis für den Zusammenhang von Sichtbarkeit, Selbstbewusstsein und Erfolg von Frauen zu schaffen.
- darauf achten, Inhalte zu bevorzugen, in denen Frauen fair behandelt und in ihren Kompetenzen gezeigt werden.

UNTERREPRÄSENTIERT UND VERBORGEN: FRAUEN IN DER MUSIK

Ich liebe klassische Musik und genieße es, von Zeit zu Zeit Klavier zu spielen – so auch während der Arbeit an diesem Buch. Und da war sie, die zum Power-Effekt passende Frage: Wo sind eigentlich die Komponistinnen in meinem Notenstapel? Die Antwort war schnell gefunden: Sie fehlen. Denn auch in der Musik werden Frauen ausgeblendet und um ihre Erfolge gebracht.

Kennst du zum Beispiel Emilie Mayer? Und kannst du ihre wichtigsten Sinfonien nennen? Falls nicht: Emilie Mayer (1812–1883) war eine Berliner Komponistin, die als der weibliche Beethoven gilt. Sie zählte zu den bekanntesten und produktivsten Komponistinnen der Romantik und schrieb unter anderem acht Sinfonien. Zum Vergleich: Zeitgenosse und Vorbild Beethoven schrieb neun, Schubert acht, Tschaikowski sieben, Mendelssohn Bartholdy fünf und Brahms, Schumann und Rachmaninov jeweils vier. Emilie Mayers Werke wurden erst ab Mitte der 1980er-Jahre wiederentdeckt. Allerdings: in Konzerthäusern wird ihr Œuvre kaum gespielt, da wenig bekannte Komponist:innen den Kartenverkauf erschweren. Damit bleibt ihr Name trotz all ihrer Leistungen weiterhin wenig bekannt. Selbst da, wo es einfach wäre, ihr Werk zu würdigen, vermissen wir Emilie: In der Wikipedia-Liste »aller« Sinfonien fehlt ihr Name noch heute.

In der Musik trägt ein weiteres Phänomen dazu bei, dass die Leistungen von Frauen unsichtbar gemacht wurden: die Veröffentlichung im Namen ihrer Männer und Brüder. Diese Praxis entstand nicht nur, weil ihre Arbeiten unter Frauennamen geschmäht worden wären, sondern auch, weil sie von ihrem Umfeld dazu angehalten wurden. So riet Felix Mendelssohn Bartholdy seiner Schwester Fanny Mendelssohn-Hensel von einer Veröffentlichung ihrer Kompositionen ab. Sein Argument: Sie würde damit offenkundig machen, ihre Pflichten als Hausfrau zu vernachlässigen. Fanny hielt sich an seine Empfehlung. So wurden ihre Kompositionen unter seinem Namen veröffentlicht und trugen entscheidend zu Felix' Ruhm und Erfolg bei.

Obwohl die Sichtbarkeit von Frauen in der Musik Schritt für Schritt zunimmt, veröffentlichen auch heute noch Frauen unter Pseudonymen oder mit abgekürztem Vornamen, um höhere Chancen bei Wettbewerben oder Publikationen in Verlagen zu haben. Sie vermeiden damit ihre Sichtbarkeit. Und das leider mit gutem Grund.

Absurd, aber wahr: Mangelnde Sichtbarkeit in der Musik kann Frauen helfen

Ein kleiner Unterschied, der in der Musikwelt seit den Siebzigerjahren den Unterschied macht, spricht für diese Vorgehensweise. Seit der Einführung der sogenannten »Blind Auditions« – das blinde Vorspielen hinter einem Vorhang – hat sich die Wahrscheinlichkeit verdoppelt, dass Frauen in die jeweils nächste Auswahl-Runde kommen. Wenn die Jury nicht weiß, dass eine Frau das Instrument spielt, wird sie also eher befördert. Das Ergebnis der Blind Auditions lässt sich sehen: Der Frauenanteil in den wichtigen Orchestern nähert sich mittlerweile der 50-Prozent-Marke. Ein eindeutiger Erfolg, der leider zu Lasten der Sichtbarkeit von Frauen geht.

Noch nicht so rosig sieht die Situation bei Dirigentinnen aus. Von über 130 Orchestern in Deutschland werden gerade mal drei von Frauen geleitet. Dabei geht die positive Gestaltungskraft von Frauen über ihr musikalisches Wirken hinaus: »Mit dem Einzug von Frauen in die Orchesterleitung hat sich das Berufsbild von Dirigenten zum Vermittler gewandelt. Mehr kollegiale Zusammenarbeit und Austausch auf Augenhöhe ist nun gelebte Praxis«, so die Dirigentin Mary Ellen Kitchens. Was Frauen – und seien es zu Beginn nur wenige – so alles ausmachen …

WAS WIR TUN KÖNNEN …
- von Frauen gemachte Musik hören und kaufen bzw. streamen.
- bevorzugt Konzerte von Komponistinnen und von Dirigentinnen geleitete Orchester besuchen.
- misstrauisch werden, wenn vom fehlenden weiblichen Genie gesprochen wird.
- gezielt nach der Qualität der Performance fragen, wenn die Kleidung oder Haarfarbe von Musikerinnen im Vordergrund steht.

GENDER DATA GAP

Der Gender Data Gap – die Geschlechter-Datenlücke – zeigt auf, dass Frauen bei der Erhebung von Daten häufig »vergessen«, nicht berücksichtigt oder aktiv ausgeblendet werden. Dies führt dazu, dass in vielen Bereichen Daten über Frauen und weibliche Lebenswelten fehlen, Studien verzerrt und Entscheidungen auf Basis falscher Daten getroffen werden. Die unzureichende Erfassung und Analyse von geschlechterspezifischen Daten betreffen insbesondere die Bereiche Gesundheit, Bildung, Wirtschaft, Politik, Sicherheit, Soziales, Datenbanken und Künstliche Intelligenz (KI).

TIEF ERSCHÜTTERTES VERTRAUEN: FRAUEN IN DER MEDIZIN

Besonders betroffen macht mich der medizinische Gender Data Gap mit seinem fehlenden Fokus auf Frauengesundheit. Fundamentale Ungleichbehandlung ist in so vielen Aspekten vorzufinden – es ist wirklich erschreckend.

»Frauen sind anders krank« ist ein geflügeltes Wort in aufgeklärten Mediziner:innen-Kreisen. Von Herzinfarkt über Covid bis zur Borreliose finden sich entscheidende Abweichungen bei den Symptomen und Krankheitsverläufen. Grund dafür: Männliche und weibliche Körper sind einfach anders und unterscheiden sich in vielen fundamentalen Faktoren, wie zum Beispiel den Hormonen, der Knochendichte, dem Fettanteil und dem Immunsystem.

Diese unterschiedliche Funktionsweise des weiblichen Körpers wird jedoch weitgehend ignoriert, denn die Medizin forscht bis dato überwiegend an männlichen Organismen und entwickelt Medikamente für männliche Durchschnittskörper. Dies hat zur Folge, dass Frauen häufig falsch verstanden, falsch diagnostiziert und falsch behandelt werden. Der Bogen reicht von Medikamenten, die bei Frauen einfach nicht wirken, über eine geringere Effizienz angewandter Untersuchungsmethoden bis zu unerwünschten Nebenwirkungen – teilweise mit dramatischen Folgen. Caroline Criado-Perez führt in »Das unsichtbare Geschlecht« viele Beispiele aus der gender-biased Medizin an – unter anderem, dass

- Stents weniger gut bei Frauen funktionieren, da nur 32 Prozent Frauen in die Forschung einbezogen wurden.

- Darmspiegelungen für Männer effektiver sind, da Frauen im Schnitt einen längeren und engeren Darm als Männer haben und die Spiegelungen bei Frauen oft nicht vollständig sind.
- selbst rezeptfreie Medikamente wie Paracetamol für Frauen mit höheren Risiken verbunden sind, weil die weibliche Leber das toxische Nebenprodukt von Paracetamol langsamer abbaut. Dieses Faktum wird übrigens bis heute nicht im Beipacktext erwähnt.

Zusätzlich gibt es noch psychische Differenzen zwischen den Geschlechtern, die wenig Berücksichtigung finden. Obwohl bekannt ist, dass das Nervensystem von Frauen schmerzempfindlicher ist, wird ihnen bei der Beschreibung ihrer Symptome weniger Glauben geschenkt, werden ihre Beschwerden eher als »psychosomatisch« eingestuft und ihnen bei Schmerzen häufiger Antidepressiva als Schmerzmittel verschrieben. »Frauen müssen deutlich kränker sein als gleichaltrige Männer, um auf die Intensivstation aufgenommen zu werden«, resümiert die Ärztin Caroline Gebhard von der Schweizerischen Gesellschaft für Intensivmedizin.

Wie ist es möglich, dass Frauengesundheit übersehen wird?

Die Antwort auf diese Frage ist ebenso simpel wie überraschend: Frauen werden in medizinischen Studien einfach nicht oder zu wenig berücksichtigt. Das beginnt in der Grundlagenforschung, wo Daten häufig nur an männlichen Versuchstieren erhoben werden – selbst wenn es sich um Medikamente handelt, die explizit für den Einsatz an Frauen entwickelt werden. Somit fehlen nicht nur Daten über Wirkungen und unerwünschte Wirkungen für Frauen, sondern auch geschlechtsspezifische Dosierungsempfehlungen. Dennoch werden klinische Studien für beide Geschlechter als gültig präsentiert, selbst wenn Frauen gar nicht in die dafür durchgeführten Studien eingeschlossen wurden.

Zyklus und Wechsel: zu kompliziert für die Forschung?

Die komplexe hormonellen Variabilität des weiblichen Organismus ist ein wesentlicher Grund, weshalb Frauen häufig aus Studien ausgeschlossen werden. Sind Frauen doch Teil von Studien, werden sie üblicherweise an jenem Zeitpunkt ihres Zyklus untersucht, an dem ihr Hormonspiegel am niedrigsten und sie damit Männern hormonell am ähnlichsten ist. Das ist besonders interessant, da Medikamente wie z. B. Antihistaminika, Antibiotika, Antidepressiva und Herzmedikamente bei Frauen und an verschiedenen Zykluszeitpunkten unterschiedlich wirken. Ebenso werden Impfstoffe nicht spezifisch für Frauen entwickelt, obwohl das weibliche Immunsystem stärkere Antikörperantworten und Abwehrreaktionen zeigt.

Mit diesem Wissen ist es nicht verwunderlich, dass laut der US-amerikanischen Arzneimittelbhörde FDA (Food and Drug Administration) die zweithäufigste Gegenreaktion auf Medikamente bei Frauen ist, dass sie einfach nicht wirken.

Frauen – die medizinische Sensation

Ich habe für dieses Buch viel recherchiert – gerade zum Thema Frauen in der Medizin. Ich wollte nicht glauben, was so offensichtlich ist: Wir Frauen werden in der Medizin sehenden Auges benachteiligt und schlechter gestellt. Wie kann das sein? Es wirkt, als wäre die Frau die medizinische Sensation des 2. Jahrtausends. Erst jetzt reagiert die Medizin darauf, dass es spezifische Forschung, Diagnose und Behandlung von Frauen braucht und auch die Pharmaindustrie beginnt erst jetzt, Medikamente abgestimmt auf Frauenkörper zu entwickeln. Es scheint ein unübersehbares Zeichen weiblicher Kraft zu sein, dass wir Frauen all das überleben und immer noch eine höhere Lebenserwartung als Männer haben.

WAS WIR TUN KÖNNEN ...
- dafür sorgen, dass wir unseren Körper und unsere Bedürfnisse gut kennen und ernst nehmen.
- nachfragen, welche Dosierung für Frauen geeignet ist, wenn wir Medikamente nehmen müssen.
- Schmerzen deutlich formulieren und darauf bestehen, dass sie ernst genommen werden.

FRAUEN UND KINDER ZULETZT: FEHLENDE DATEN IN TECHNOLOGIE UND BEI KÜNSTLICHER INTELLIGENZ

Weitere Beispiele des Gender Data Gaps finden wir in Datenbanken und bei der Anwendung von Künstlicher Intelligenz (KI). Sie führen in vielfacher Weise dazu, dass Frauen übersehen und damit benachteiligt werden.

Frauen frieren, weil Männer die Norm sind

Die Folgen des Gender Data Gaps bemerken wir in unterschiedlicher Intensität. Sie können harmlos oder leicht unangenehm sein, wie das Frieren in Bürogebäuden, unter dem viele Frauen leiden. Es ist darauf zurückzuführen, dass die perfekte Büro-Raumtemperatur in den 1960er-Jahren für den durchschnittlichen Mann errechnet wurde. Leider ist dieser Wert – aufgrund der niedrigeren Stoffwechselrate von Frauen – bis heute um einige Grad zu kalt für den weiblichen Körper.

Die Auswirkungen des Gender Data Gaps können aber auch lebensbedrohlich werden. So spricht das Deutsche Statistische Bundesamt von 17 Prozent mehr tödlichen Verletzungen für Frauen bei Autounfällen. Grund dafür sind die verwendeten Crash-Test-Dummys, die ausschließlich für männliche Körper entwickelt wurden, sowie die daraus abgeleiteten Sicherheitsvorrichtungen in Autos. Bis heute muss für Zulassungsverfahren in den USA und der EU verpflichtend nur an männlichen Crashtest-Dummys getestet werden. Frauen haben jedoch einen anderen Körperschwerpunkt, Torso- und Muskelaufbau sowie eine geringere Knochendichte als Männer. All das wird einfach zu wenig berücksichtigt und führt zu echten Nachteilen für uns Frauen.

Immerhin gibt es Licht am Horizont: der Gender Gap nimmt in neueren Fahrzeugmodellen ab. So liegt das Risiko für tödliche Verletzungen für Frauen bei Modellen ab 2010 »nur noch« bei plus 6,3 Prozent. Darüber hinaus hat die schwedische Forscherin und Direktorin für Verkehrssicherheit Astrid Linder Ende 2022 den ersten weiblichen Crashtest-Dummy »Eva« entwickelt, der die weibliche Physiognomie vollständig berücksichtigt. Mit dem Einsatz von Eva können künftig noch mehr weibliche Leben gerettet werden, wenn ihre Verwendung in Crashtests irgendwann auch gesetzlich vorgeschrieben wird.

Ebenfalls sicherheitsrelevant ist die schlechtere Erkennung weiblicher Stimmen durch Spracherkennungssoftware in Autos und medizinischen Notfall-Einrichtungen. Die Google-Software erkennt Sprecher mit 70 Prozent höherer Wahrscheinlichkeit als Sprecherinnen und zeigt signifikant höhere Fehlerquoten bei der Transkription des Sprachinputs von Frauen.

WAS WIR TUN KÖNNEN ...

- sensibel für diese Datenlücken sein. Ich lege dir dazu das Buch der britischen Feministin Caroline Criado-Perez »Unsichtbare Frauen: Wie eine von Männern gemachte Welt die Hälfte der Bevölkerung ignoriert« ans Herz. Eine augenöffnende Zusammenstellung, in wie vielen Bereichen uns der Gender Data Gap betrifft.
- nach Daten, Studien und Erkenntnissen für Frauen fragen und – wenn wir selbst für Studien (mit-)verantwortlich sind – darauf achten, dass Frauen gleichermaßen berücksichtigt werden.
- in Notfällen die Stimme tiefer stellen, damit unsere Befehle von einer Spracherkennungs-Software besser erkannt werden.

DER UNBEDANKTE SPAGAT IN DER ARBEITS- UND FAMILIENWELT

Es ist mehr als ein Spagat: Mehrleistungen im Privatleben, Minderbezahlung in der Arbeit und die daraus resultierende finanzielle Schlechterstellung im Ruhestand zeigen eine deutliche Geringschätzung der privaten wie beruflichen Leistungen von Frauen. Ich nenne es »Das Dreieck der Missachtung«, in dem Frauen häufig über lange Zeit gefangen sind.

Begriffe wie Gender Care Gap, Gender Pay Gap, Gender Pension Gap, Gläserne Decke und Gläserne Klippe benennen diese weiblichen Realitäten in der Arbeits- und Familienwelt. Auch wenn diese Schlagwörter etwas abstrakt klingen, haben sie einen großen Vorteil: Sie holen blinde Flecken, Stereotype und Ungleichheiten aus der Sphäre der einzelnen Frau und machen sie zu einem gesellschaftlich relevanten Thema.

Gleichzeitig dürfen wir nicht vergessen, dass hinter diesen Schlagwörtern und jeder Statistik immer eine konkrete Frau steht. Eine Frau, die mehr leisten muss, zu viele Bälle in der Luft hat, zu wenig dafür bekommt – und dennoch das Gefühl nicht loswird, es nie gut genug zu machen.

Der Power-Effekt soll Frauen helfen zu erkennen, dass hinter Gefühlen wie »Ich schaff das alles nicht« oder »Andere kommen einfach schneller voran« in Wahrheit strukturelle Systemfehler stehen, die das eigentliche Problem sind. Dieses System schwächt Frauen, das ist aus meiner Sicht unbestritten.

Frauen in der Familie

Der Gender Care Gap macht den unterschiedlich hohen Zeitaufwand von Frauen und Männern bei unbezahlter Sorgetätigkeit deutlich und zeigt, dass Frauen bei der Vereinbarkeit von Beruf und Familie immer noch die Hauptarbeit leisten.

87 Minuten nicht für dich – und das jeden Tag!
Frauen leisten im Schnitt täglich vier Stunden und 13 Minuten unbezahlte Sorgearbeit. Das sind 52,4 Prozent – sprich: 87 Minuten – mehr als Männer. Der Gender Care Gap variiert nach Alter und Lebenssituation. Der größte Gender Care Gap zeigt sich bei 34-jährigen Frauen. Sie wenden im Schnitt fünf Stunden und 18 Minuten pro Tag für Care-Arbeit auf. In Paarhaushalten mit Kindern verrichten Mütter täglich zwei Stunden und 30 Minuten mehr Care-Arbeit als Väter.

Es sind also immer noch die Frauen, die Beruf und Karriere zugunsten der gemeinsamen Familie zurückstellen. Laut Statistischem Bundesamt arbeiteten in Deutschland 65,5 Prozent aller erwerbstätigen Mütter in Teilzeit – bei Vätern in derselben Situation waren es nur 7,1 Prozent. In Österreich sind die Zahlen vergleichbar. Frauen haben somit schon aufgrund ihrer Zeitressourcen weniger Möglichkeiten, das eigene Leben in der Form zu gestalten, wie sie es vielleicht gerne würden. Zu vieles soll und muss erledigt oder berücksichtigt werden. So ziehen Tage, Wochen und Monate ins Land und es wird immer selbstverständlicher, dass es die Frau in der

Familie ist, die sich um alles kümmert. Dies führt dazu, dass zu viele Frauen unter ihren Möglichkeiten bleiben bzw. an ihrem Leben, wie es sein könnte, vorbeileben. Als wäre all das nicht genug, kommen dazu noch die wirtschaftlichen Implikationen, die dieses ungerechte System mit sich bringt.

Die Folge: wirtschaftliche Nachteile
Die Konsequenz dieser Ungleichverteilung von Arbeitszeitmodellen und Sorgearbeit sind umfassende wirtschaftliche Nachteile für Frauen: Niedrigere Einkommen, die wiederum zu niedrigeren Alterssicherungsansprüchen führen. In Deutschland verdient eine Frau, die ein Kind geboren hat, bis zu ihrem 45. Geburtstag bis zu 251.000 Euro weniger als eine Frau, die ohne Unterbrechung in Vollzeit gearbeitet hat.
Auch die Vereinbarkeit von Führungspositionen und Familie zeigt, dass Karriere und Kind für Frauen weniger leicht zu kombinieren ist als für Männer. So haben zwei Drittel der Manager Kinder – jedoch nur ein Drittel der Managerinnen.

Buchbonus:
Über den Mythos der Vereinbarkeit
Im Gespräch mit der feministischen Ökonomin Katharina Mader über Systemfehler und Lösungsansätze in der Frage der Vereinbarkeit von Beruf und Familie.

WAS WIR TUN KÖNNEN ...
- Zeit bewusster als Grundlage eines selbstbestimmten Lebens verstehen.
- Zeitressourcen einplanen, persönliche Freiräume definieren und Schritt für Schritt realisieren.
- den eigenen Anteil »faires Leben« festlegen und Strategien entwickeln, für ihn einzustehen.

Frauen in der Arbeitswelt

Es fällt mir seit vielen Jahren in der Ausbildung von Potenzial- und Führungskräften auf: Geht es um das Fördern von Talenten, sind 80 Prozent der Teilnehmenden in Lehrgängen weiblich. Geht es um die Weiterbildung von Führungskräften, dann dreht sich das Geschlechterverhältnis: Je höher in der Hierarchie, desto weniger Frauen nehmen an den Kursen teil. Im Schnitt bestehen die Gruppen dann zu 90 Prozent aus Männern.

Die Gläserne Decke
Die Untersuchung des Statistischen Zentralamtes bestätigt diese Beobachtung. Aktuell sind lediglich 10,5 Prozent der Geschäftsführungen und 25,5 Prozent der Aufsichtsratsposten in den 200 umsatzstärksten Unternehmen Österreichs von Frauen besetzt. In Deutschland sind es 15,6 und 30,9 Prozent. Grund dafür ist die Gläserne Decke – also die nicht sichtbare Barriere, die dazu führt, dass Frauen hierarchisch oder finanziell attraktive Positionen, die Kollegen mit vergleichbarer oder geringerer Qualifikation problemlos erhalten, nicht erreichen können.
Insgesamt steigt zwar der Frauenanteil in Führungspositionen. In Österreich liegt er mit 33,2 Prozent im EU-Schnitt, jedoch immer noch unter der Gender-Balance-Quote. Das klingt zunächst vorsichtig positiv, doch lohnt sich ein genauerer Blick in die Statistik, denn nach wie vor gilt: Je höher die Führungsebene, desto geringer der Frauenanteil.
Die Zurückhaltung, Frauen uneingeschränkt Zugang zu relevanten Führungspositionen zu ermöglichen, ist besonders verwunderlich, denn zahlreiche Studien belegen, dass Frauen in der Führung von Unternehmen ausgezeichnete Ergebnisse erzielen. Laut Studien der Unternehmensberatung Boston Consulting Group erbringen frauengeführte Start-ups 10 Prozent mehr kumulativen Erfolg über fünf Jahre und

erwirtschaften für jeden investierten Euro zusätzliche 67 Cent Gewinn. Start-ups im Besitz von Männern liegen im Vergleich dazu mit nur 26 Cent Gewinn deutlich darunter.

Firmeneigentümerinnen erwirtschaften also im Schnitt mehr als die 2,5-fache Rendite. Trotz dieser beeindruckenden Performance erhalten Frauen im Vergleich zu Männern nur halb so viele Investitionen. Irgendwie absurd. Vor allem, weil nicht nur die höhere wirtschaftliche Rendite für Frauen in Führung spricht, sondern darüber hinausgehende Studienergebnisse zeigen, weshalb Female Leaders so gute Ergebnisse erzielten: Female Leaders sorgen für ein besseres Arbeitsumfeld, für eine konstruktivere Unternehmenskultur und ein kooperativeres Miteinander. In turbulenten Zeiten navigieren sie Unternehmen mit höherer Umsicht und geringeren wirtschaftlichen Schäden durch Schwierigkeiten. Erkenntnisse wie diese führen dazu, dass Frauen verstärkt in die Unternehmensführung geholt werden, wenn ein Unternehmen bereits in der Krise steckt. Dieses Phänomen hat einen Namen: die Gläserne Klippe.

Die Gläserne Klippe
Der Begriff beschreibt das Faktum, dass Frauen erst dann in Top-Positionen gerufen werden, wenn das Unternehmen in einer Problemsituation ist oder vor dem finanziellen Abgrund steht. Das Risiko zu scheitern ist dann besonders hoch. Hauptgrund für die Ernennung von Leaderinnen in Krisenzeiten ist, dass Jobs in strauchelnden Unternehmen weniger attraktiv für Männer sind.

👉 DIE GLÄSERNE KLIPPE: UNTERNEHMEN IN DER KRISE HEBEN FRAUEN AN DIE SPITZE

Der Begriff »Gläserne Klippe« wurde von den britischen Professor:innen Michelle K. Ryan und Alexander Haslam geprägt. Sie untersuchten die Performance von FTSE (Financial Times Stock Exchange) 100-Unternehmen vor und nach der Ernennung neuer Vorstandsmitglieder und stellten fest, dass Unternehmen, die Frauen in ihren Vorstand beriefen, mit höherer Wahrscheinlichkeit als andere in den vergangenen fünf Monaten eine konstant schlechte Leistung erzielt hatten.

Die Folgestudie von Florian Kunze, Max Reinwald und Johannes Zaia bestätigte diese Erkenntnisse. Sie analysierten mehr als 26.000 Vorstandsernennungen in rund 4.000 US-amerikanischen Firmen. Ihr Ergebnis: Droht einem Unternehmen die Zahlungsunfähigkeit, ist es um 50 Prozent wahrscheinlicher, dass eine Frau an die Spitze berufen wird.

Gläserne-Klippe-Positionen sind ein zweischneidiges Schwert für Frauen. Einerseits besteht eine hohe Gefahr des Scheiterns – andererseits ist es eine Chance, die sich Frauen unter »normalen« Umständen seltener bietet. Wenn es gelingt, das Unternehmen aus der Krise zu holen, kann dies ein starker Rückenwind für die eigene Karriere sein.

WAS WIR TUN KÖNNEN ...
- Chancen, die sich bieten, nutzen.
- Allianzen bilden, Mitstreiter:innen ins Boot holen und die Erfahrung von Expert:innen nutzen.
- Frauen in Führungspositionen Rückenwind und Unterstützung geben.
- immer wieder Leistungen und Erfolge von Frauen vor den Vorhang holen, um die wahren Stärken und Fähigkeiten von Frauen weiter ins kollektive Bewusstsein zu bringen.

FRAUEN UND GELD – ÜBER DEN FAIREN ANTEIL

Vor einigen Jahren hat mich eine Aussage in einem Coaching-Gespräch stutzig gemacht. Der gecoachte Geschäftsführer beschäftigte sich mit der Frage, wie er die Motivation seiner Assistentin hochhalten könne. Bezogen auf ihr Gehalt, meinte er: »Ich würde ihr ja mehr zahlen – vor allem, wo sie auch mehr leistet als andere. Aber sie fragt einfach nicht danach – es scheint ihr wohl nicht wichtig zu sein.« Unglaublich, oder? Und doch bringt diese Aussage ein strukturelles Problem auf den Punkt: den Gender Pay Gap.

Worum geht es bei der Ungleichbezahlung?

Der Gender Pay Gap – also die finanzielle Schlechterstellung von Frauen im Beruf – ist weltweit Faktum. Jährlich weist der Equal Pay Day darauf hin, dass Frauen bis zu diesem Tag ohne Bezahlung gearbeitet haben. In Österreich ist das aktuell der 25. Februar, in Deutschland der 7. März. Frauen arbeiten also ganze 56 bzw. 66 Tage gratis. Umgerechnet auf einen fiktiven Stundenlohn bedeutet dies rund 18 Euro pro Stunde weniger für Frauen. Mit durchschnittlich 19,7 Prozent weniger Bruttojahresbezug für Frauen weist Österreich übrigens einen der größten (!) Gender Pay Gaps in der EU auf.

Wie kommt es überhaupt zum Gender Pay Gap?

Vier Hauptaspekte sind für diese finanzielle Schieflage verantwortlich. Sie zeigen gleichzeitig, dass Frauen tatsächlich systematisch Kraft und Geld geraubt wird:
1. Frauen kommen in bestimmten Berufen, Branchen und auf den höheren Stufen der Karriereleiter nicht durch die Gläserne Decke und haben damit geringeren Zugang zu finanziell attraktiven Jobs.
2. Sogenannte »frauentypische« Berufe werden unterbewertet und unterbezahlt. Das geht so weit, dass der durchschnittliche Verdienst sinkt, wenn die Frauenquote in einer Branche steigt. Die magische Schwelle sind 60 Prozent Frauenanteil, wie die Sozialwissenschaftler:innen Daniel Oesch und Emily Murphy in einer Untersuchung über die Gehaltsentwicklung in Deutschland, Großbritannien und der Schweiz zeigen. Wird dieser Wert überschritten, sinken die Löhne – allerdings nur für Frauen, wie die Soziologinnen Corinna Kleinert, Kathrin Leuze und Ann-Christin Hausmann belegen.

3. Fehlende Gehaltstransparenz verschleiert ungleiche Bezahlung aufgrund des Geschlechts und erschwert Frauen die Forderung nach einem angemessenen Gehalt.

4. Gender Care Gap und Gender Pay Gap gehen Hand in Hand: Frauen unterbrechen oder reduzieren ihre Erwerbstätigkeit familienbedingt häufiger und länger als Männer – oft auch, weil das Gehalt der Frau aus den bereits genannten Gründen niedriger ist als das des Mannes. Durch die längere Care-Arbeit sinken in weiterer Folge die Chancen auf gut dotierte Positionen. So befeuert der Gender Pay Gap den Gender Care Gap, der wiederum den Gender Pay Gap verstärkt.

Buchbonus:
Mehr Wissen über den Gender Pay Gap
Hol dir vertiefende Informationen über den Gender Pay Gap: Wie wird er berechnet? Und wie können wir Gehaltstransparenz fordern und fördern?

Bildung allein bringt uns nicht weiter

Die finanzielle Ungleichheit besteht sogar trotz des höheren Bildungsstandards von Frauen. Eine Studie der Volkswirtin Sophie Achleitner zeigt, dass mehr Frauen als Männer maturieren und die Mehrheit der Universitäts- und Fachhochschul-Abschlüsse von Frauen absolviert werden. Trotzdem verdienen Frauen um durchschnittlich 30 bis 40 Prozent weniger als Männer mit der gleichen Ausbildung. Bildung zahlt sich somit für Männer stärker aus. Es gibt jedoch Ausnahmen: Fach- und Handelsschulen sind auch für Frauen finanziell attraktiv. Mit Abschlüssen dieser Schultypen verdienen Frauen in etwa gleich viel wie ihre Kollegen.

Auf die Branche zu achten zahlt sich aus

Neben den Unterschieden in den Bildungsabschlüssen gibt es auch branchenspezifische Spitzen des Gender Pay Gaps. Besonders hoch ist er mit rund 30 Prozent in der Sparte Kunst, Unterhaltung und Erholung. Besser schneiden die Branchen

Wasserversorgung, Abwasser- und Abfallentsorgung sowie die Beseitigung von Umweltverschmutzungen mit einem zweiprozentigen Gender Pay Gap ab.

Auswirkungen bis ins hohe Alter

Die Tatsache, dass Frauen einen Großteil der unbezahlten Arbeit leisten und sich die Einkommensunterschiede bis ins Alter weiter fortsetzen, gipfelt darin, dass Frauen in Österreich derzeit um 40,55 Prozent weniger Pension erhalten als Männer, wie eine Aufstellung der österreichischen Verwaltungsämter zeigt. Auch hierfür gibt es ein eigenes Datum, das diese Ungerechtigkeit sichtbar macht: der Equal Pension Day. Es ist jener Tag, an dem Männer bereits so viel Pension erhalten haben, wie Frauen erst bis Jahresende bekommen. In Österreich fällt dieser Tag aktuell auf den 4. August. Er macht deutlich, dass die Pensionsdifferenz zwischen den Geschlechtern zur Zeit 877 Euro brutto pro Monat beträgt.

Aus all diesen Faktoren entsteht ein Teufelskreis: Schlechtere Einkommensaussichten haben eine niedrigere Erwerbsbeteiligung zur Folge. Diese wiederum führt zu mehr Entgeltungleichheit und raubt Frauen Kraft und Geld. All das ist – egal in welcher Höhe – inakzeptabel und wir müssen weiterhin kollektiv gegen diese finanzielle Ungleichbehandlung ankämpfen, um gegen den strukturellen Aspekt des Problems vorzugehen. Gleichzeitig muss jede von uns bessere individuelle Strategien entwickeln, um den persönlichen Pay Gap zu schließen. Wenn wir gemeinsam bereit sind, gegen diese Ungerechtigkeit aufzustehen und jede Frau individuell für ihren fairen Anteil einsteht, wird der Gender Pay Gap Schritt für Schritt kleiner werden.

WAS WIR TUN KÖNNEN ...
- uns mittels Gehaltsrechner, Einkommenstransparenzbericht und in persönlichen Gesprächen über Gehaltsstandards informieren.
- Gehaltsgespräche trainieren und ein faires Gehalt für uns fordern.
- Gehaltsgleichheit und Einkommenstransparenz immer wieder zum Thema machen.
- uns für einen Job in einer Branche entscheiden, die Frauen fairer entlohnt.

Wer auf Frauen setzt, setzt auf Erfolg

Frauen ermöglichen ein gutes Leben für alle. Umso wichtiger, dass wir aktiv zum Empowerment von Frauen beitragen und damit die Welt in eine bessere Zukunft führen.

Es ist eine paradoxe Situation: Frauen wird einerseits systematisch Kraft und die Möglichkeit geraubt, sich gleichermaßen aktiv an der Gestaltung unserer Gesellschaft zu beteiligen. Gleichzeitig ist belegt, dass Frauen in der Führung von Unternehmen, Staaten und anderen sozialen Systemen eindeutig die bessere Wahl sind.

Frauen in Führung

Gemäß einer Untersuchung der BI Norwegian Business School weisen Frauen bei vier von fünf Schlüsseleigenschaften für Führung – insbesondere den Dimensionen Klarheit, Innovationskraft, Unterstützung und zielgerichtete Genauigkeit – bessere Werte auf als Männer.
Diese erfolgversprechendere Eignung für Führung ist auch mit wirtschaftlichen Kennzahlen belegt. So fanden die Wirtschaftswissenschaftler:innen Soyoung Han und Marcus Noland in der bislang größten Studie zum Thema »Wirtschaftlicher Erfolg von Frauen in Führung« in 91 Ländern heraus, dass ein um 30 Prozent höherer Frauenanteil in der Unternehmensleitung mit einem um 15 Prozent besseren Ergebnis einhergeht. Unternehmen mit Frauen in der Geschäftsführung und im Vorstand verzeichnen also deutlich höhere jährliche Gewinnmargen als Unternehmen ohne weibliche Führungskräfte.

Der Erfolg einer Gesellschaft ist weiblich

Der von der OECD erhobene Gender Equality Index zeigt in Verbindung mit anderen Statistiken, dass Länder mit hoher Gleichberechtigung – und damit auch mit mehr Frauen in gestaltenden Positionen – höheren Wohlstand und ein beschwerdefreieres Leben ab 65 Jahren für alle Geschlechter aufweisen. Es ist somit für die gesamte Gesellschaft von Vorteil, auch Frauen an den Schalthebeln zu wissen. Die Verhaltensökonomin Iris Bohnet zitiert in »What works« mehrere Studien, die belegen, dass Frauen in Führungspositionen zu fundamentalen Veränderungen führen:

- Frauen handeln verantwortungsvoller und weniger risikofreudig in Kapitalmärkten. So zeigt eine Metaanalyse von 35 unterschiedlichen Märkten, dass Preisblasen umso kleiner sind, je mehr Wertpapierhändlerinnen auf diesem Markt agieren.
- Frauen fördern die kollektive Intelligenz von Gruppen durch höhere soziale Sensibilität und das Schaffen von umfassenden Gelegenheiten, sich zu Wort zu melden, resümiert die Organisationssoziologin Anita Woolley.

Darüber hinaus stärkt die politische Beteiligung von Frauen die Demokratie, stellt die Bedürfnisse der Bürger:innen in den Mittelpunkt, verbessert die Zusammenarbeit über Partei- und Kulturgrenzen hinweg und fördert eine nachhaltigere Zukunft, so Leah Rodriguez von Global Citizen.

Ein besseres Leben für alle

Es lohnt sich also für alle, wenn Frauen eine stärkere Gestaltungskraft in der Gesellschaft übernehmen. Inklusive der Bestärkung anderer Frauen, die – sobald sie mehr weibliche Vorbilder sehen, ermutigt werden, ihren Weg zu gehen. Wenn wir dafür sorgen, dass jede Frau Kraft für ihr gutes Leben schöpfen kann, tragen wir zu einem erfüllteren Leben aller Frauen bei und leisten gleichzeitig einen gesamtgesellschaftlichen Beitrag. Der Power-Effekt ist ein Handwerkszeug, das diesen Weg ermöglicht: Es beginnt bei uns selbst, die gesellschaftlichen Auswirkungen gehen dann mit der individuellen Entwicklung einher. So gesehen ist der Power-Effekt ein individueller wie kollektiver Gewinn, denn wenn mehr Frauen ihren Erfolg in weiblich leben, wird die Welt insgesamt eine bessere.

Ein gutes Leben für dich

Entscheide dich für dein gutes Leben, das deinen Vorstellungen entspricht und in dem du deine Fähigkeiten und Talente entfalten kannst. Lerne, dir gute Fragen zu stellen und die richtigen Prioritäten zu setzen, damit du Gelegenheiten erkennst, die echte Chancen sind.

Erfolg in weiblich beginnt bei dir. Er kann nur in der Art und Weise gelingen, die genau zu dir und deiner Persönlichkeit passt. Nun gilt es herauszufinden, welche Form die für dich richtige ist.

DIE VERANTWORTUNG FÜR DEIN GUTES LEBEN LIEGT BEI DIR

Verantwortung für dein gelungenes Leben und deine persönliche Ausrichtung zu übernehmen ist die Voraussetzung, um deinen Lebensweg so zu gestalten, dass er deinen Wünschen und Potenzialen entspricht. So gelingt es dir, Chancen wahrzunehmen, gute Entscheidungen zu treffen, zügig ins Tun zu kommen und dein Leben insgesamt in die für dich passende Richtung zu steuern. Beginne damit, dir die richtigen Fragen zu stellen, die dir helfen, deinen persönlichen Weg zu finden und zu gehen.

Stell dir die richtigen Fragen

Noch nie haben so viele Menschen wie heute im Überfluss gelebt und doch scheinen so wenig bei sich angekommen. Im Vordergrund steht nur allzu oft die Frage, was es zu erreichen gilt. Welche sind die nächsten Ziele, Karriereschritte und Erfolge? Was ist dringend zu tun, weil es auf der To-do-Liste steht? Ich bezweifle, dass dies die hilfreichen Fragen sind, wenn wir uns auf die Suche nach unserem guten Leben machen.

Mehr noch als die Frage nach unseren To-dos braucht es auch die Frage nach unserem To-be. Danach, welcher Mensch wir sein und werden wollen, was uns glücklich und zufrieden macht und unser Herz zum Strahlen bringt. Selten sind das materielle Dinge. Viel häufiger ist es gelungen verbrachte Zeit, die uns »einfach sein« lässt: Zeit mit Menschen, die wir lieben. Zeit mit Aktivitäten, die uns etwas bedeuten. Zeit, die wir in unsere eigene Entwicklung investieren. Zeit, die wir verschenken, um einen Beitrag zum Leben anderer oder für eine bessere Welt zu leisten.

Die Qualität der Fragen, die wir uns selbst stellen, hat einen großen Einfluss auf die Qualität unseres Lebens und damit unseres Glücks. Es sind Fragen, die wir uns selbst stellen müssen, denn die Gesellschaft tut es viel zu wenig. Sorge also für dein gutes Leben, indem du dir selbst relevante sinnerfüllende Fragen stellst.

Steig ein, wenn der Zug des Lebens hält

Ob Chancen zu dir passen, weißt du, wenn du deine Ausrichtung kennst und dir darüber im Klaren bist, wohin du dein relevantes Leben steuern möchtest. Dann gelingt es dir auch, schnell zu entscheiden und einzusteigen, wenn der Zug des Lebens in deinem Bahnhof hält. Mach es dir also zum Ziel, deine Ausrichtung zu kennen, damit du weißt, welche Gelegenheiten echte Chancen und welche Züge wirklich passend für dich sind. Jetzt ist ein perfekter Zeitpunkt, dir gute Fragen zu stellen, dein Leben neu auszurichten und deinen Weg zu definieren. Der Power-Effekt hilft dir dabei. Lege die dafür nötigen Freiräume fest und steh für sie ein, damit du Chancen nutzen kannst, wenn sie sich dir bieten.

Lebe und handle, statt am Ende zu bereuen

Die Palliativkrankenschwester Bronnie Ware hat Menschen am Sterbebett gefragt, »ob sie irgendetwas bereuen oder lieber anders gemacht hätten«. Spannenderweise bereuen Menschen am meisten, nicht mutig genug gewesen zu sein, das eigene Leben zu realisieren. Darüber hinaus würden Menschen rückblickend mehr Zeit außerhalb der Arbeit verbringen, ihren Gefühlen stärker Ausdruck verleihen, intensivere Kontakte mit ihren Freund:innen pflegen und sich selbst ein glücklicheres Leben zugestehen. Wares Analysen machen deutlich, dass selbst Entscheidungen oder Handlungen, die

Menschen als nicht ideal beschreiben, weniger bereut werden als das ungelebte Leben. Ein guter Grund, sich nicht zu viele Gedanken über mögliche falsche Entscheidungen zu machen, sondern das Leben selbst in die Hand zu nehmen und mit mehr Mut zum Leben nach der eigenen Façon zu handeln und in die Umsetzung zu gehen.

Baue heute deine Zukunft

Der einzige Moment, das Leben so zu gestalten, dass wir am Ende mit Freude zurückblicken, ist das Heute – das Hier und Jetzt. Jetzt kannst du für dein geglücktes Sein sorgen. Jetzt kannst du einen Baustein für deine Zukunft, dein Wohlbefinden, deine Gesundheit und Fitness legen. Jetzt kannst du gut und wertschätzend mit dir selbst umgehen. Jetzt kannst du dich mit geliebten Menschen verbinden, ihnen Freude machen oder Mut zusprechen. Jetzt kannst du eine neue Richtung einschlagen und den ersten Schritt auf diesem ganz persönlichen Weg gehen.
Einfach machen! ist die Devise, die dich ins Tun bringt. Mit jeder Handlung im Heute baust du an deiner Zukunft. Jeder gesetzte Schritt führt zu deinem zukünftigen Ich. Wenn du heute für dein gutes Leben sorgst, hast du schon morgen eine wunderbare Vergangenheit.

Dein Leben, deine Entscheidung

Gerade Frauen haben großen Nachholbedarf in der Gestaltung des eigenen guten Lebens. Unglaubliche 70 Prozent haben das Gefühl, nicht ihr volles Potenzial auszuschöpfen. 82 Prozent finden neben Beruf und Mehrfachbelastung keine Zeit, an ihrer persönlichen Ausrichtung, Weiterentwicklung und Positionierung zu arbeiten.
Es ist eine Grundvoraussetzung für ein gutes Leben, Zeit für sich selbst zu schaffen, um das eigene Leben entlang der richtigen Fragen auszurichten. Ein wichtiger Teil des Power-Effekts ist es, gute Fragen an dich selbst zu stellen: Wer möchtest du sein? Was sind deine wahren Träume, Talente und Gaben? Was schenkt dir tiefe Zufriedenheit? Wohin soll sich deine Lebensreise entwickeln? Welche Entscheidungen sind zu treffen und welche deiner Stärken und Fähigkeiten kannst du auf deinem Weg nutzen? Wie kannst du langfristig an deinem guten Leben dranbleiben?
Eine gelungene Antwort auf diese und weitere Fragen ist die Basis für ein erfülltes Leben für jede Frau. Dich mit solchen Fragen auseinanderzusetzen ist ebenso deine Entscheidung, wie dir den Raum zu geben, die Antworten darauf zu finden. Triff diese Entscheidung in deinem Sinn, denn es geht um dein gutes Leben.

IN DEN ZUG DES LEBENS STEIGEN

Meine Karriere war bereits gut am Laufen – ich hatte mich nach sieben Jahren zur Etatdirektorin in einer führenden Werbeagentur entwickelt und betreute spannende Projekte und Kund:innen. Fachlich gut etabliert, hatte ich auch ein stabiles Netzwerk aufgebaut und fühlte mich »angekommen«. Es lief. Und doch meldete sich immer wieder eine leise Stimme, die mich fragte, ob das »wirklich alles ist«. Ein paar Monate klappte es ganz gut, sie zu ignorieren. Dann wurde sie lauter. Als ich mich auf den Dialog mit mir selbst einließ, erfuhr ich, dass mein Kindheitstraum, die Welt zu bereisen und »Tiefseetaucherin« zu werden, sich meldete. Nach einigen »das geht doch nicht«-Selbstgesprächen hielt plötzlich ein kleiner Zug des Lebens in meiner Station. Mein damaliger Vorgesetzter erzählte in einem Teammeeting, dass er einen Artikel über Sabbaticals gelesen hatte und sich vielleicht vorstellen könne, so etwas für die Agentur anzudenken. Das war mein Stichwort. Meine Sorge, dass ein Wunsch nach Auszeit als mangelnder Leistungswille ausgelegt wird, war verschwunden. Wir führten einige Gespräche und fanden eine Lösung, in der ich – mit ausreichend Vorlaufzeit, um meine Projekte zu übergeben – tatsächlich ein Jahr Sabbatical nehmen konnte. Und das sogar mit Rückkehrmöglichkeit, aufrechter Versicherung und vertieftem Vertrauen durch das gemeinsame Suchen und Finden dieses Weges.
Es folgte eine wunderbare und intensive Zeit. Ich bereiste viele asiatische Länder, war als Tauch-Guide und Tauch-Instruktorin aktiv und nutzte dieses Jahr, um innezuhalten und mich mit meinen Träumen, meinen Begabungen und meinem Lebenssinn auseinanderzusetzen. In diesem Jahr legte ich den Grundstein für meine Ausbildung als People-&-Culture-Managerin und mir wurde klar: Ich möchte Menschen und Organisationen in Veränderungsprozessen begleiten.
Fünf Jahre und viele Weiterbildungen später gründete ich mein Unternehmen ACCELOR Consulting und stehe nun seit mittlerweile 20 Jahren sehr erfolgreich Unternehmen, Führungskräften und ganz spezifisch Frauen auf ihrer Reise »From Good to Great« zur Seite. Ich empfinde es als großes Geschenk meines Lebens, so vielen Menschen die Tür zu einem besseren Leben für sich selbst ein Stück weit öffnen zu dürfen und meine wahren Talente in dieser Intensität leben zu können.
Hätte ich diese Entwicklung auch ohne das Sabbatical in Asien gemacht? Ich weiß es nicht. In jedem Fall war dieses Jahr eine ganz besondere, vielfältige und prägende Zeit, die ich nicht missen möchte. Ich bin heute noch dankbar, dass dieser Zug des Lebens für mich gehalten hat. Und auch dafür, dass ich eingestiegen bin.

Ich lade dich nun ein, mit mir auf eine Reise zu gehen und in den nächsten Kapiteln mit dem 5-Step-Power-Plan deinen ganz persönlichen Erfolg in weiblich zu definieren und Schritt für Schritt den Power-Effekt zu erleben. Wir brechen gemeinsam auf in Richtung deines guten Lebens. Los geht's!

Der 5-Step-Power-Plan

SCHRITT FÜR SCHRITT ERFOLGREICH MIT DEM 5-STEP-POWER-PLAN

Der 5-Step-Power-Plan ist der Handlungsplan, mit dem du deinem guten Leben einfach und strukturiert näherkommst. Er ist inspiriert vom Notfall-Procedure »Stop-Think-Act«, das ich als Tauch-Instruktorin kennengelernt habe. Stop-Think-Act steht dafür, automatische Handlungsimpulse in Notsituationen zu unterdrücken, da diese meist stressgetrieben sind und falsche Reaktionen hervorrufen. Deutlich bessere Entscheidungen treffen wir, wenn wir zuerst innehalten, uns Zeit zum Nachdenken verschaffen und erst dann entscheiden. Diesen Grundgedanken habe ich mit den wichtigsten Werkzeugen aus der Coaching-Praxis und den zentralen Erkenntnissen der Habit-Change-Forschung kombiniert und daraus den 5-Step-Power-Plan entwickelt. Mit diesem Modell unterstütze ich Frauen, sich nicht von Stereotypen aufhalten zu lassen und ihr Leben immer wieder entlang der eigenen Bedürfnisse auszurichten. Der 5-Step-Power-Plan hilft dir, innezuhalten, dein Leben nach deinen Vorstellungen zu definieren, aufzutanken, in deine Kraft zu kommen und das für dich passende gute Leben umzusetzen. Ich hoffe, dieses Modell wird dir so viel gute Erkenntnisse, Energie und Lebensfreude liefern, wie es bereits zahlreiche Frauen in meinen Coachings und Women4Women-Programm erlebt haben.

👉 WOMEN4WOMEN. EINE CHANCE ENTLANG DES WEGES

Women4Women ist eine Female-Empowerment-Initiative, die den Erfolg von Frauen fördert. Das Programm ist auf Wunsch von Frauen entstanden, die Unterstützung bei ihrer persönlichen Ausrichtung, ihrer Karriereentwicklung, ihren Businessentscheidungen und ihrem persönlichen Wachstum suchen. Women4Women begleitet Frauen ein Jahr lang, die Richtung ihres Lebens zu überprüfen und an ihre wahre Bestimmung anzupassen, Entscheidungen zu treffen, Potenziale zu entfalten und den persönlich-beruflichen Weg selbstbestimmt zu gehen. Die gemeinsame Arbeit rüstet Frauen mit dem nötigen Wissen und Werkzeugen aus, ihre Ziele, ihre Positionierung, ihren Kommunikations- und Konfliktstil und ihr erfolgreiches Netzwerkmanagement weiterzuentwickeln, um ihren Weg kraftvoll und selbstbewusst zu gehen. Women4Women-Frauen bleiben auch nach diesem Jahr in Verbindung, unterstützen einander und pflegen ein kraftvolles Netzwerk für mehr Erfolg in weiblich. Mehr Informationen findest du unter www.academyoffulfilledlife.com

Der 5-Step-Power-Plan

1. Ausatmen
Innehalten und reflektieren. Zeit und Raum für dich schaffen, deine innere Stimme wahrnehmen und dich von einschränkenden Stereotypen befreien. Du verbindest dich mit dir.

2. Auftanken
Energie tanken und aus der Quelle deiner Fähigkeiten, Talente, Stärken und Ressourcen schöpfen. Du sammelst deine Kräfte.

3. Ausrichten
Gute Fragen stellen und deine Richtung finden. Was willst du wirklich? Wie kannst du die Suche nach deinem Lebenssinn gestalten und deine Träume verwirklichen? Du gewinnst Klarheit für dich.

4. Ankommen
An dich selbst glauben und in die Umsetzung kommen, um dich zu empowern und dein eigener Antrieb zu sein. Du kommst ganz bei dir an.

5. Abheben
Mit den passenden Routinen und der nötigen Prise Disziplin am guten Leben dranbleiben. Du erlebst den Power-Effekt.

In den folgenden Kapiteln führe ich dich durch den 5-Step-Power-Plan. Jedes Kapitel steht für einen Schritt. Jeder davon bringt dich näher zu dem Leben, das deinen Vorstellungen entspricht und in dem du deine Fähigkeiten und Talente entfalten kannst. Das kann durch das Einschlagen eines neuen Weges gelingen, durch das Beleben eines lang gehegten Traumes oder durch das Ausleben deiner Berufung. Es kann aber auch darin bestehen, mehr Erfolg im Beruf zu verwirklichen, deine Lebensbereiche ausgewogener zu balancieren oder einfach mehr Kraft für deinen Alltag zur Verfügung zu haben. Vielleicht auch von allem etwas – du entscheidest, was du gerade brauchst.

Viel Freude bei der Reise zu deinem Erfolg in weiblich.
Hol dir dein gutes Leben!

Step 1: Ausatmen. Bereit für dein selbstbestimmtes Leben

Innehalten, reflektieren, Zeitressourcen aufbauen und hinderliche Vorstellungen über Bord werfen: Mit diesen vier Kompetenzen legst du die Basis für dein gutes Leben.

Im ersten Schritt »Ausatmen« geht es darum, bewusst mit dir selbst in Kontakt zu treten und auf deine innere Stimme zu hören. Das Ziel ist es, wieder zu lernen, dich mit deinen Wünschen, Träumen und Sehnsüchten zu verbinden und wahrzunehmen, wie dein gutes und selbstbestimmtes Leben sein soll.

Ausatmen und die innere Quelle anzapfen

Um Zugang zu deinen Wünschen und Träumen und damit zu deinem authentischen Selbst zu finden, lohnt es sich, innezuhalten und dich mit der inneren Quelle deiner Gaben und Bestimmungen zu verbinden. Diese Verbindung gelingt am besten, wenn du ausatmest und in die entstehende Stille hineinhörst. In Kombination mit Fragen, die dein Potenzial entfalten und sinnstiftend sind, kannst du dich wieder dem Leben nähern, das ganz zu dir passt, und herausfinden, welche Elemente davon du vermehrt in deinen Alltag integrieren möchtest.

Wie du wieder Zugang zu deinen Träumen findest

Auch wenn du gerade das Gefühl hast, dass deine Träume weit weg oder gar verschwunden sind, kann ich dich beruhigen: Sie sind immer da. Sie sind der Eingang zu einem ganz besonderen Teil von dir, den du auch als deine Bestimmung bezeichnen kannst. Vielleicht ist dieser Eingang im Moment für dich nicht wahrnehmbar, vielleicht ist er – wie der Zugang zu einem entlegenen Waldstück – verwachsen und du musst den Weg erst wieder freilegen.

Genau dabei begleite ich dich und gebe dir vier Bausteine in die Hand, die es dir ermöglichen, wieder Zugang zu deinen Wünschen und Träumen zu finden und damit das Fundament für dein selbstbestimmtes Leben zu errichten:

1. **INNEHALTEN** für eine starke Verbindung mit dir selbst **(I)**
2. **REFLEXION**, um dir die richtigen Fragen zu stellen **(R)**
3. **ZEIT** nehmen, um dir ausreichend Freiräume zu schaffen **(Z)**
4. **BEFREIEN**: die Konsequenz, mit der du hinderliche Stereotype verabschiedest **(B)**

$$I \times R \times Z \times B = \text{Basis für ein selbstbestimmtes Leben}$$

I × R × Z × B ist die *Formel für dein selbstbestimmtes Leben*. Wie in jeder Multiplikation gilt auch hier: Wenn eine der vier Variablen Null ist, erhältst du nicht das Ergebnis, das du dir erhoffst. Es liegt also an dir, ein stabiles Fundament deiner Selbstbestimmung zu bauen und alle vier Bausteine sorgsam zu setzen. Auf diese Weise kannst du dich wieder mit deinen Träumen verbinden.

INNEHALTEN. DIE KRAFT DER STILLE NUTZEN

Unsere Welt ist laut geworden. Es gibt kaum noch Orte, an denen es keine Zivilisationsgeräusche gibt. Dieses ständige Rauschen, gepaart mit intensivem Online-Lärm, strengt unser Gehirn an und führt zu einem steten Stresslevel im Blut. Je mehr Lärm in unserer Umgebung herrscht, umso wichtiger ist es, dir immer wieder Zeiten der Stille zu schenken. Denn regelmäßige Stille hat viele positive Effekte:

Stille ist gesund

Forschungen an Meditierenden zeigen, dass Stille unsere Gesundheit und unser Wohlbefinden steigert. Körperlich wirkt Meditation blutdrucksenkend, führt – über acht bis zwölf Wochen angewandt – zur Vermehrung der grauen Hirnzellen und hat durch die Ausschüttung spezifischer Enzyme sogar verjüngende Effekte.

Stille fordert nicht

Stille führt uns in einen inneren Raum, der uns allein gehört. Ein Raum, in dem unsere eigenen Regeln gelten, der frei von Ansprüchen und Anforderungen ist. Ein Raum, in dem wir loslassen, ausatmen und auftanken können.

Stille verhilft zu mentaler Präzision

Stille beruhigt, wirkt erfrischend, konzentrationsfördernd und steigert die geistige Leistungsfähigkeit. Wir brauchen Stille, um zu uns und in Verbindung mit uns selbst zu kommen. In der Stille können wir unsere echten Bedürfnisse und das ungelebte Leben wahrnehmen. Durch fokussiertes Innehalten können wir uns uns selbst zuwenden und mental sortieren.

Stille gibt Bedeutung

Lärm und zu viele Worte lenken ab. In Gesprächen ebenso wie in Gedanken. Gespräche werden bedeutsam durch Pausen, die das Gesagte nachwirken lassen.
So wie Gespräche Tiefgang erhalten, wenn sie von Pausen getragen sind, führt die Stille mit uns selbst dazu, dass wir unseren eigenen Empfindungen und Bedürfnissen Raum und Relevanz geben und als Mensch wachsen und reifen können.

Stille führt zu unserem Potenzial

Im Innehalten und in der Stille können wir hören, was uns wirklich wichtig ist und den Grundstein für unsere Selbstermächtigung legen. Nur wenn wir uns selbst wahrnehmen, können wir uns mit unserem Potenzial verbinden, unseren Weg erkennen und die Kraft schöpfen, die wir brauchen, um ihn zu gehen.

Dieses Zur-Ruhe-kommen kann durch Auszeiten in der Natur genauso geschehen wie durch eine Meditation oder Momente der individuellen Stille. Wichtig ist, diese Zeiten der Stille immer wieder zu finden, um Raum für Wachstum und Entwicklung zu schaffen. Wähle eine Methode, die dir hilft, zur Ruhe zu kommen. Praktiziere jeden Tag den Weg in die Stille. Stille ist ein wichtiger Baustein für dein selbstbestimmtes Leben. Sie gibt dir Klarheit und Kraft.

REFLEXION. GUTE FRAGEN STELLEN

Aufbauend auf der Kraftquelle Stille ist eine gelebte Reflexionspraxis der zweite Baustein am Weg in ein erfülltes und selbstbestimmtes Leben. Mit guten Fragen kannst du deinen Kurs überprüfen und sicherstellen, dass du in die richtige Richtung steuerst. Fragen bestärken dich auf deinem Weg und sorgen für deine persönliche Entwicklung. Sie unterstützen dich dabei, deinen Träumen und dem Sinn deines Lebens näherzukommen. Wenn du deine Wünsche und Sehnsüchte herausfindest und weißt, wozu du hier bist, weißt du auch, was zu tun ist, damit du sagen kannst: Mein Leben ist ein gutes und erfülltes. Reflexion als Baustein deiner Selbstbestimmung gibt dir die Möglichkeit, eigenständig über deine Entwicklung und dein weiteres Leben zu entscheiden:

Reflexion bedeutet, den eingeschlagenen Weg wohlwollend zu überprüfen

Reflexion ist kein singuläres Ereignis, sondern ein lebenslanger Prozess. Es geht immer wieder darum, zu überprüfen, ob die gewählte Reiseroute noch stimmt. Indem wir unser Handeln hinterfragen, nehmen wir unsere aktuelle Situation unter die Lupe und können uns Neuem öffnen. Solche Fragen können sein: Wie geht es mir? Wie sehr bin ich auf meinem Weg? Wo sollte ich nachjustieren? Wann fühlt sich mein Leben gut an? Was möchte ich am Ende meiner Tage bewirkt und gelebt haben?

Reflexion hilft, Entwicklungen voranzutreiben

Reflexion ermöglicht, neue Wege einzuschlagen und Fortschritte zu machen. Wir können die Richtung unseres Lebens in vielen Aspekten hinterfragen: Wie zufrieden macht mich das, was ich tue? Wie sehr tragen meine Entscheidungen, Denkmuster und Verhaltensweisen zu meinem guten Leben bei? Wie zufrieden macht mich das, was ich tue? Was kann ich gegebenenfalls optimieren und verbessern?

Reflexion unterstützt, Architektin deiner eigenen Zukunft zu sein

Reflexionsfragen helfen, uns selbst und unsere Bedürfnisse besser zu verstehen. Die Qualität der Fragen entscheidet dabei über die Qualität unseres Lebens. Wie eine gute Architektin gilt es, die richtigen Fragen zur Planung und zur Ausführung zu stellen: Welcher Mensch will ich sein und werden? Welche Gaben und Talente wurden mir geschenkt? Auf welche Weise möchte ich sie zur Entfaltung bringen? Was will ich in meinem Leben bewirken?

Reflexion heißt, Erfolge zu hinterfragen

Erfolg kann eine Bestätigung sein für das, was wir tun. Er kann uns aber auch verführen zu glauben, dass wir auf dem richtigen Weg sind. Gerade weil er sich gut anfühlt und uns Anerkennung verschafft, kann er unseren Blick trüben. Nur weil wir etwas gut können, bedeutet das nicht, dass uns diese Tätigkeit auch Zufriedenheit gibt. Immer wieder merken Menschen zu spät, dass der Erfolg ihre Energie vom Wesentlichen im Leben abgezogen hat.

Auch im Erfolg gilt es daher zu reflektieren, ob wir in der richtigen Richtung unterwegs sind oder einen für uns falschen Weg eingeschlagen haben: Bringt mich mein Weg dahin, wo meine Bestimmung liegt? Tue ich immer mehr vom Gleichen, weil ich gut darin bin, und vernachlässige dadurch meine anderen Talente? Gibt mir mein Erfolg echte Freude oder brauche ich immer mehr von ihm?

Reflexion hilft, aus Fehlern zu lernen

Aus Fehlern und nicht Gelingendem können wir genauso viel lernen wie aus Erfolgen. Fehler eröffnen auch Lernchancen, die – wenn wir sie nutzen – unsere Lebensqualität verbessern können.

Haben wir aus einem Fehler gelernt, wissen wir, was wir in einer vergleichbaren Situation anders machen werden: Was kann ich daraus lernen? Was werde ich anders machen? Welche alternativen Handlungsmöglichkeiten werde ich ausprobieren?

Reflexion kann unzufrieden machen – und das ist positiv

Bei manchen taucht die Sorge auf, dass in der Stille und der Reflexion zu viele Gedanken oder gar Unzufriedenheit hochkommt. Wenn wir unzufrieden sind, kann das leicht passieren. Und das ist gut so! Denn unsere Unzufriedenheit ist der Antrieb für Entwicklung und teilt uns mit, dass wir etwas verändern sollten.

Wir können ihr für dieses Zeichen danken und nachfragen: Was sagt mir meine Unzufriedenheit? Was kann ich ändern, damit sie geringer wird oder verschwindet?
Innehalten und Reflexion benötigen Aufmerksamkeit und Zeit, um sie als Entwicklungsqualität in unserem Leben zu nutzen. Zeit, von der wir oft meinen, dass wir sie nicht haben. Um Innehalten und Reflektieren zum fixen Bestandteil deines Lebens zu machen, ist es entscheidend, deine Zeitkompetenz zu entwickeln oder zu verbessern.

ZEIT. FREIRÄUME SCHAFFEN

Im Alltag ist es oft schwierig, sich mit den wesentlichen Fragen des Lebens zu verbinden. Vor allem für uns Frauen, da wir häufig mit deutlich weniger Zeitautonomie gesegnet sind (siehe »Gender Care Gap«) oder uns zeitliche Freiräume erst erkämpfen müssen. Diese Freiräume zu schaffen und für sie einzustehen, lohnt sich jedoch, denn Zeit ist endlich. Den aktuellen Tag, die aktuelle Stunde gibt es nur einmal. Genauso wie unser Leben.
Es kommt immer darauf an, was du aus deiner Zeit machst. Nutzt du sie, um ein geglücktes Leben zu leben, oder lässt du sie verstreichen? Wenn du 80 Jahre alt wirst, stehen dir insgesamt rund 700.000 Stunden Lebenszeit zur Verfügung. Das klingt nach echtem Zeitwohlstand. Und doch sind viele dieser Stunden bereits verbraucht, werden von anderen beansprucht oder ziehen ungenutzt dahin.

 ZEITFRESSER MEDIEN
Gemäß dem deutschen Statista Research Department ist der Medienkonsum in industrialisierten Ländern die beliebteste Freizeitbeschäftigung. In Deutschland und Österreich sehen Menschen rund 200 Minuten pro Tag fern.
Die Social-Media-Nutzung liegt weltweit bei 147 Minuten pro Tag. In Deutschland und Österreich beträgt sie rund 90 Minuten. In Zahlen bedeutet dies, dass wir im Schnitt 26 Tage pro Jahr auf Social Media verbringen und rund 50 Tage fernsehen. Für Medienkonsum gilt genauso wie für dein gesamtes Leben: Es ist immer deine Entscheidung, womit du deine Zeit verbringst.

Die Milchmädchen-Zeitrechnung

Wir schlafen durchschnittliche acht Stunden, sind – inkl. Arbeitsweg – neun Stunden im Beruf, verwenden drei Stunden für Mediennutzung und eine Stunde für Körperpflege. So bleiben drei Stunden zur »freien« Verfügung – für Frauen allerdings nicht am Stück, sondern zumeist als »Zeit-Konfetti«, die in kleinen Einheiten von fünf bis zehn Minuten über den Tag verteilt sind. Noch nicht eingerechnet sind Zeiten für die Betreuung von Familie und Kindern, die üblicherweise die verbliebenen Stunden und Teile der Arbeitszeit konsumieren.

Wie sieht es mit deiner Lebenszeit aus? Wie viele deiner Stunden hast du in guter Qualität verbracht? Wie viele beiläufig verstreichen lassen? Und wie viele haben dich leer zurückgelassen?

 35.000 STUNDEN NUR FÜR MICH

Ich besitze seit ca. 30 Jahren keinen Fernseher. Als ich in den aktuellen Studien zum Medienkonsum gelesen habe, dass Menschen in Österreich und Deutschland durchschnittlich 200 Minuten täglich fernsehen, konnte ich nicht umhin zu überschlagen, was das konkret in meinem Leben bedeutet. Ich gestehe, die Zeit, die ich mir selbst durch Nicht-Fernsehen geschenkt habe, finde ich selbst beeindruckend. Es sind rund 35.000 Stunden, die ich für Dinge nutzen konnte, die mir persönlich wichtig sind, wie Lesen, Sport, Zeit mit meinen Lieben, Weiterbildungen, Female-Empowerment-Aktivitäten, Klavier spielen oder das Schreiben von Büchern.

Ich weiß, ab und zu einen Film anzusehen, macht keinen großen Unterschied. Täglich fernzusehen jedoch schon. Zeitspannen wie diese haben das Potenzial, echte Freiräume für dich zu sein.

Zeit ist jene Ressource, die du brauchst, um dein Leben zu gestalten. Wenn diese Ressource von anderen beansprucht wird, kannst du sie nicht mehr nützen. Gehe daher achtsam mit deiner Zeit um, stärke deine persönliche Zeitautonomie und trainiere deine Zeitkompetenz. Je konsequenter du deine Zeit für deine Wünsche, Träume und zentralen Lebensbausteine einsetzt, umso leichter gelingt es dir, die zentralen Fragen des Lebens zu beantworten und deine Zukunft in deinem Sinn zu gestalten.

Um deine Zeit achtsam und im Sinne deiner eigenen Entfaltung zu nutzen, empfehle ich dir, eine Liste mit zwei Bereichen zu erstellen: deine persönlichen Zeit-Fresser, die du in Zukunft reduzieren oder eliminieren wirst, und deine Frei-Zeiten, die du künftig pflegen wirst. Hier einige Beispiele:

ZEIT-FRESSER

Fernsehen und soziale Medien

Zeitschriften und Magazine, die stereotype Frauen- und Schönheitsbilder verkaufen.

Werbung, die uns anregt, Dinge zu wollen, die wir nicht brauchen oder nicht verwenden.

Erwartungen anderer, die nicht mit den eigenen Zielen und Bedürfnissen im Einklang stehen – und auch nicht der Aufrechterhaltung von Beziehungen dienen.

Zeit aus schlechtem Gewissen oder sozialem Druck in der Arbeit zu verbringen, obwohl die Leistung bereits erbracht ist.

Perfektionismus, wenn er keinen Mehrwert bringt.

Schlechte Planung, die ins Chaos führt und Mehraufwand bedeutet.

FREI-ZEITEN

Spüre bei Ablenkungen oder Kaufwunsch nach: Brauche ich das wirklich? Macht es mein Leben besser? Möchte ich dafür meine Lebenszeit verwenden?

Plane ein, täglich zu entscheiden, wofür du deine Zeit aufwenden willst.

Mach es dir zur Routine, schon am Vorabend zu planen, welche Zeiträume du für dich am nächsten Tag reservieren willst.

Lerne »Nein«, »Später« und »Jetzt nicht« zu sagen.

Denke deine Tages-/Wochen-/Monats-/Jahresplanung auf zwei Ebenen:

♥ *Was sind meine großen Ziele? Was möchte ich im Leben erreichen? Was möchte ich gelebt, gesehen, gefühlt haben? Wie möchte ich sein?*

♥ *Welche konkreten Schritte muss ich setzen, um mein Leben so zu gestalten, wie ich es mir wünsche? Was ist mein täglicher Beitrag zu meinen Zielen?*

BEFREIEN. STEREOTYPE ZUSCHREIBUNGEN ABSTREIFEN

Wenn du dich auf den Weg machst, dein Leben aktiv zu gestalten, gilt es, noch ein – speziell für Frauen sehr großes – Hindernis zu bewältigen: Stereotype. Im Kapitel »Erfolg in weiblich« hast du schon von der Macht der stereotypen Geschlechterrollen gelesen. Diese gesellschaftlich tradierten Annahmen bremsen dich, lähmen dein Selbstvertrauen, lassen deine Erfolge kleiner wirken und halten dich von deinem guten Leben ab. Streif sie ab! Die folgende Studie verdeutlicht gut, was ich damit meine:

Zwei Gruppen von Studierenden vertiefen sich in die Biografie einer erfolgreichen Persönlichkeit. Die Untersuchungsleitung bittet die Studierenden, eine Einschätzung dieser Persönlichkeit abzugeben. Die Ergebnisse der beiden Gruppen können unterschiedlicher nicht sein. Obwohl beide Gruppen die Person als kompetent und effizient beurteilen, lehnen die Mitglieder von Gruppe 1 sie als wenig sympathisch ab. Sie würden sie nicht mögen und nicht mit ihr oder für sie arbeiten wollen. Je bestimmter und durchsetzungsstärker sie die Person einschätzten, umso härter fiel das Urteil aus. Die Studierenden von Gruppe 2 beschrieben die Person hingegen als sehr sympathisch und äußerten den Wunsch, mit diesem Menschen zusammenarbeiten zu wollen.

Wie kommt es zu diesen unterschiedlichen Urteilen? Beide Gruppen haben doch die identische Biografie erhalten? Nicht ganz, denn es gab einen kleinen Unterschied: Die Person, die der Gruppe 1 vorgelegt wurde, trug den Namen Heidi – und die in Gruppe 2 den Namen Howard. Abgesehen davon gab es keinerlei Abweichungen in der Geschichte.

Die sogenannte Howard-&-Heidi-Studie, die an der Harvard Business School von Kathleen McGinn, Professorin für Betriebswirtschaft, entwickelt und durchgeführt wurde, zeigt ein eindeutiges Ergebnis: Erfolg zu haben und gemocht zu werden korreliert eindeutig positiv für Männer und eindeutig negativ für Frauen. Sobald also eine Frau erfolgreich ist und stereotype männliche Verhaltensweisen an den Tag legt, schwindet unsere Sympathie und wir wollen nicht für sie oder mit ihr arbeiten.

Wirkung unter dem Radar

Studien wie diese zeigen, wie tief Stereotype sitzen und wie sehr sie unsere Gedanken, unser Verhalten und auch unsere Gefühle unbewusst beeinflussen. Wie ein Flieger, der sich unter dem Radar bewegt, können wir sie weder hören noch sehen. Wenn wir lernen, diese Automatismen zu erkennen, können wir Stereotype, die uns steuern, ohne uns zu dienen, aussortieren und verbannen. So machen wir die Bahn frei für unser selbstbestimmtes Leben.

DIE GESCHEITERTEN KARRIEREN MEINER JUGENDIDOLE

Mit dem Gedanken »Wie lese ich die Geschichten meiner Kindheit mit dem Blick einer Erwachsenen?« nahm ich einige meiner Jugendbücher zur Hand. Mit einem Lächeln der Erinnerung zog ich die zwanzigbändige »Dolly«-Serie von Enid Blyton aus dem Regal. Blyton gehört mit Auflagen von mehr als 600 Millionen Exemplaren in 40 Sprachen und über 750 Büchern sowie 10.000 Kurzgeschichten zu den international erfolgreichsten Jugendbuchautor:innen.

Da ich selbst im Alter von 10 bis 18 Jahren eine Internatsschule besuchte, liebte ich Dollys Abenteuer, in denen sie die Herausforderungen des Erwachsenwerdens in Schule und Internat bravourös besteht. Nostalgisch berührt, schmökerte ich in Dollys Geschichten. Die Protagonistinnen waren mir nach wie vor vertraut, hatte ich die Bücher doch mehrfach gelesen. Mein Lächeln verabschiedete sich jedoch relativ schnell, als mir die identische Dramaturgie in jedem Band auffiel: Es gibt immer ein Mädchen, das »hoch hinaus« will, Träume hat und bereit ist, für diese alles zu riskieren.

Das ist zum Beispiel Amanda, die als Schwimmerin an den Olympischen Spielen teilnehmen will. Den Schulmädchen ist jedoch verboten, im gefährlichen Meer zu trainieren. Auch wenn Amanda eine Ausnahme-Schwimmerin ist, wird sie angehalten, im gleichen und viel zu kleinen Pool mit allen anderen Mädchen zu bleiben. Amanda verweigert jedoch die Anweisung, ihr Talent zu ignorieren, und geht in den frühen Morgenstunden ins Meer, um ihre Fähigkeiten weiterzuentwickeln. Das folgenschwere Ergebnis: Sie gerät in einen Strudel und wird lebensgefährlich verletzt. Nun ist eine olympische Karriere nicht mehr möglich. ABER: Durch diese Zäsur wird Amanda, die bis dahin als »verbissen und fanatisch« galt, bei allen anderen beliebt, weil sie nun Zeit für Care-Arbeit – in ihrem Fall: Schwimmtraining der jüngeren Schülerinnen – hat.

Eine ähnliche Geschichte im nächsten Band: Hier ist es Margot mit der wunderbaren Stimme, die Opernsängerin werden möchte. Auch ihr wird verboten, am Talentwettbewerb in der benachbarten Stadt teilzunehmen. Auch Margot stiehlt sich davon – mit dem Ergebnis, dass sie sich am nächtlichen Heimweg das Bein bricht und bis zum Morgen im strömenden Regen liegen bleibt. Sie zieht sich eine schwere Lungenentzündung zu, verliert ihre Stimme und wird nie mehr singen können. Aber auch das ist »nicht so schlimm«, denn plötzlich findet Margot Freundinnen, obwohl sie bis dahin als »eigenbrötlerisch und hochnäsig« galt.

Ich lege die Bücher zur Seite und schwanke zwischen Fassungslosigkeit und Verzweiflung. Die Diagnose der Schauspielerin Amy Poehler, »It takes years as a woman to unlearn what you have been taught to be sorry about«, bekommt plötzlich eine ganz neue Tragweite für mich.

Step 2: Auftanken. Aktiviere deine Kräfte

Jeder Mensch verfügt über innere Kräfte, die aber oft verschüttet und unzugänglich sind. Die Art und Weise, wie wir mit uns selbst sprechen, entscheidet darüber, ob es uns gelingt, unsere Stärken und Ressourcen zu aktivieren und unsere erreichten Erfolge nutzbar zu machen.

Um dein selbstbestimmtes Leben voller Kraft zu gestalten, geht es in diesem zweiten Schritt darum, dir deine Stärken bewusst zu machen und sie in all jenen Situationen griffbereit zu haben, in denen du sie brauchst. Lass dich überraschen, wie viele Fähigkeiten und hilfreiche Werte du bereits mit im Gepäck hast, die dir auf der Reise in dein gutes Leben wunderbare Dienste leisten werden.

IM DIALOG MIT DIR SELBST. WÄHLE ACHTSAME WORTE

Die Art und Weise, wie wir mit uns selbst sprechen, ist entscheidend für den Verlauf unseres Lebens. Die Qualität dieses persönlichen Dialogs bestimmt, wie wir uns fühlen und ob wir Zugang zu unseren Stärken und Ressourcen finden. Ist er geprägt von Achtsamkeit und guten, sinnerfüllenden Fragen, hilft er dir, deine Kräfte zu aktivieren.

Fragen lenken dein Denken

Fragen aktivieren Denkprozesse. »Nicht mir sagen, sondern mich fragen« lautet die Devise, wenn du in den Dialog mit dir trittst. Stell dir konstruktive Fragen und dein Gehirn beginnt sofort nach Lösungen zu suchen. Auf diese Weise erhältst du mehr Informationen als über Feststellungen, Befehle an dich selbst oder – noch schlimmer – wenn du dich verurteilst. »Was brauche ich, um zügig voranzukommen?« bringt dich weiter als der Gedanke »Mach schneller!« oder »Warum bin ich immer so langsam?«

Energie folgt der Aufmerksamkeit

Energie entsteht an jenen Punkten, auf die wir unseren Fokus legen. Wie Scheinwerfer einen Bereich einer Bühne erleuchten, lenken unsere Worte die Aufmerksamkeit in eine bestimmte Richtung.

Die Konzentration auf Lösungen, Ziele und Möglichkeiten in der Zukunft verleiht dir Kraft und sorgt für Ergebnisse und gute Energie. Umgekehrt lenkt der Fokus auf Probleme den Blick in die Vergangenheit und richtet den Scheinwerfer auf Fehler, Schwächen und Schuldige. Dies bindet Energie und lässt uns stagnieren. Achte daher in deinen Gedanken und Gesprächen darauf, wohin du deine Aufmerksamkeit lenkst, und rücke Positives und das, was du erreichen willst, in den Vordergrund.

Lösungsorientierte Sprache bringt dich weiter

Lösungsorientierte Kommunikation motiviert und unterstützt dich dabei, Wege in die Selbstverantwortung zu finden und damit handlungsstark zu agieren. Denk und sprich daher in Lösungen und stell dir selbst lösungsorientierte Fragen. Damit fokussierst du auf die Zukunft, statt in vergangenen Situationen zu verharren.

Lösungsorientierte Kommunikation ist kein Aufruf, Probleme zu ignorieren. Aus Problemen und Fehlern können wir viel lernen. Entscheidend ist jedoch, wie wir in der Problembewältigung mit uns sprechen. Mit den richtigen, lösungsorientierten Fragen gelingt es, einen konstruktiven Entwicklungsdialog zu führen und Freude an Lösungsstrategien und Lernfortschritten zu finden. In diesem Sinne: Welche Frage hilft dir, um in deinem Leben voranzukommen?

Ein achtsamer, konstruktiver Dialog mit dir selbst, der von lösungsorientierten Fragen geprägt ist, ist ein Kernelement des Power-Effekts. Er unterstützt dich bei der Entfaltung deines Potenzials. Er stärkt dein Wachstum in besonderer Weise, da er Denkräume öffnet, dich anregt, neue Wege zu finden und freudvoll Lösungen zu entwickeln. Nutze diese Art des Gesprächs mit dir selbst und freu dich an der daraus entstehenden neuen Lebensqualität.

🙂 LÖSUNGS-ORIENTIERTE FRAGEN FÜHREN IN DIE ZUKUNFT

Was ist mein Ziel?

Was möchte ich erreichen?

Wie kann es funktionieren?

Was kann ich besser machen?

Wie kann ich helfen?

Wer kann mir helfen?

Was brauche ich, um das zu lösen?

Welche Alternativen habe ich?

Was ist ein guter erster Schritt?

🙁 PROBLEM-ORIENTIERTE FRAGEN FÜHREN IN DIE VERGANGENHEIT

Warum habe ich das falsch gemacht?

Warum habe ich es nicht geschafft?

Warum habe ich es nicht anders gemacht?

Warum ist das noch nicht fertig?

Warum habe ich nicht daran gedacht?

Warum machst du es immer so?

Wer ist schuld?

Was kann alles schiefgehen?

> *Buchbonus:*
> *Entwicklungsfragen, die dich weiterbringen*
> Nutze meine Sammlung lösungsorientierter Entwicklungsfragen für deinen achtsamen Dialog mit dir selbst.

Was die Warum-Frage mit uns macht

Fragen, die mit »Warum« beginnen, sind problemorientierte Fragen und haben eine spannende Dynamik: Sie lösen eine Rechtfertigung aus. Selbst wenn es keinen Grund dazu gibt. Wenn zum Beispiel eine Person, die zur vereinbarten Zeit um 15:00 Uhr erscheint, gefragt wird: »Warum bist du um 15:00 Uhr hier?«, wird sie sofort das Gefühl haben, etwas falsch gemacht zu haben. Die Antwort ist meist ein leicht verunsichertes: »Wieso? Wir hatten doch 15:00 Uhr vereinbart, oder?« Warum führt also – wie alle problemorientierten Fragen – in die Vergangenheit, in die Schuldzuweisung und dazu, dass sich Menschen schlecht oder angegriffen fühlen. Du kannst die Warum-Frage also getrost aus deinem Wortschatz streichen. Sie bringt keinen Mehrwert.

Deine Sprache, deine Entscheidung

Mit Fragen wie »Warum kann ich das nicht?«, »Warum mache ich das immer falsch?«, »Warum gelingt mir das nie?« konzentrierst du dich auf Schwierigkeiten und Probleme, ohne jedoch Lösungsansätze mitzuliefern.
Frag dich lieber: »Welche Aspekte sind gelungen?« oder »Was kann ich das nächste Mal besser machen?« Die Antwort ist viel gehaltvoller und hilfreicher. Es liegt immer an dir, wie du mit dir sprichst, und du kannst dich jederzeit für einen lösungsorientierten, konstruktiven, achtsamen und liebevollen Dialog mit dir entscheiden.

Du hast alles, was du brauchst

Wenn du dich auf den Weg machst, um dein Leben neu und selbstbestimmt auszurichten, kannst du dich auf dich selbst und deine Kräfte verlassen. Du hast alles, was du brauchst. Es geht nur darum, dir deine Kräfte auch zugänglich zu machen, damit du sie dann verfügbar hast, wenn du sie benötigst.

Um all deine Ressourcen besser kennenzulernen und für dich nutzbar zu machen, helfen dir achtsame, konstruktive Fragen an dich selbst. Sie öffnen dir Tür und Tor zu deinen Kenntnissen, Fähigkeiten und Begabungen, die in deinen »vollen Scheunen« lagern. Lass uns nun gemeinsam die Tore zu diesen Schätzen öffnen.

 WAS SIND RESSOURCEN UND WELCHE GIBT ES?

Persönliche Ressourcen sind sämtliche Stärken, Talente, Wissen, Fähigkeiten und Fertigkeiten, die ein Mensch mitbringt oder entwickeln kann. Sie helfen, Ziele zu erreichen, Bedürfnisse zu erfüllen, und können finanzieller, technologischer, intellektueller und sozialer Natur sein.

Beispiele für persönliche Ressourcen sind: Gewissenhaftigkeit, Fehlertoleranz, Lösungsorientierung, Zielklarheit, Durchsetzungsstärke, Kreativität, Einsatzbereitschaft, Begeisterungsfähigkeit, Herzlichkeit, Disziplin, Zuversicht, Verantwortungsbewusstsein, Präsenz, Empathie, Entscheidungsfreude, Netzwerkfähigkeit.

DIE VOLLEN SCHEUNEN. BLICKE AUF DEINE ERREICHTEN ERFOLGE

Der Psychiater und Begründer der Existenzanalyse Viktor E. Frankl hat den Begriff der vollen Scheunen geprägt. Er meint damit die Schätze – also Stärken und Talente –, die wir mitbringen, sowie Fähigkeiten und Ressourcen, die wir während unseres Lebens durch Erfahrungen und Training gesammelt haben. Oft sind wir uns der Kraft dieser Stärken, Erfahrungen und der Vielfalt unserer Persönlichkeit gar nicht bewusst oder schätzen diese nicht in der Intensität, die sie verdient hätten.

Manchmal übersehen wir auch, wie hilfreich diese Erfahrungen für unsere Zukunft sein können. Höchste Zeit, unsere Aufmerksamkeit auf genau diese Stärken, Talente, Fähigkeiten, Erfahrungen und Erfolge – kurz Ressourcen – zu lenken und ihre wertvolle Kraft für unser gutes Leben und eine gelungene Zukunft zu nutzen. Gemeinsam öffnen wir die Tore deiner vollen Scheunen.

EINE REISE ZU DEN PRÄGENDEN STATIONEN DEINES LEBENS

Im Folgenden begleite ich dich, einen besseren Überblick über den Reichtum deiner Stärken, deiner Fähigkeiten, deines Erfahrungsschatzes und deiner Erfolge zu erlangen. Dabei fokussieren wir auf erfüllende Momente und fordernde Situationen deines Lebens.

Zeichne einen Zeitstrahl, der mit deiner Geburt beginnt und bis zum heutigen Tag reicht. Darauf sammelst du – geschrieben, gezeichnet oder auf Post-its festgehalten – wichtige Stationen deines Lebens.

Was sind prägende Stationen?

Bei prägenden Stationen handelt es sich um Ereignisse und Momente, die wichtig und/oder besonders für dich sind, die dir stark in Erinnerung bleiben und in denen du dich sehr präsent wahrgenommen hast. Begleitende Gedanken solcher Momente sind oft »Das wird mir lange in Erinnerung bleiben« oder »Da habe ich das Gefühl für Raum und Zeit verloren«. Sammle all jene Momente, die du intensiv in Erinnerung hast – unabhängig davon, ob sie einfach oder fordernd waren. Diese Momente können nach außen hin unbedeutend erscheinen – es geht nur darum, dass sie für dich wichtig sind. Jeder davon birgt eine Vielzahl an Erfahrungen und Stärken, die du nun ganz bewusst ernten kannst.

Folgende Fragen unterstützen dich bei diesem Prozess:
- Was waren die prägenden Momente in deinem Leben?
- Was hast du Bedeutsames, Schönes und Besonderes erlebt und erfahren?
- Was hat dich dahin gebracht, wo du heute stehst?
- Was waren Schwierigkeiten entlang deines Weges?
- Welche wesentlichen Herausforderungen hast du erlebt?
- Was waren die Momente, in denen du aufgeblüht bist?
- Was hast du geleistet, gelöst oder gelebt, worauf du stolz bist?

Halte nun alle Momente mit Schlagworten, Skizzen oder Symbolen fest. Berücksichtige Situationen aus dem Privat- und Berufsleben genauso wie Momente aus ehrenamtlichem Engagement oder sportlicher Aktivität. Denk dabei an positive und auch kritische Situationen.

Schreibe oder markiere neben jeder Situation deine in diesem Moment sichtbar gewordenen Stärken und Fähigkeiten – sie dürfen auch gern mehrfach vorkommen. Notiere auch, wie du dich in diesen Momenten gefühlt hast, was für dich das Besondere in dieser Situation war, was dich inspiriert hat und welche Fähigkeiten du in dieser Situation aktiviert oder erlernt hast. Ergänze, was du damit für dich und im Leben anderer Menschen bewirkt oder geschaffen hast. Nimm dir genügend Zeit für diese Reflexion. Sie kann mehrere Stunden dauern und du kannst deinen Zeitstrahl auch über mehrere Tage und Wochen immer wieder aufgreifen und ergänzen.

Wenn du genug gesammelt hast, kannst du Muster und Auffälligkeiten suchen und dich ans Ernten deiner Stärken und Fähigkeiten machen, die nun offen vor dir liegen. Übertrage sie in eine Liste und lass dich dabei von Fragen wie diesen leiten:

- Was sind wiederkehrende Themen und Gefühle?
- Was ist der rote Faden, den du erkennst?
- Welche deiner Talente und Gaben kommen zum Vorschein?
- Welche Stärken werden sichtbar? Welche kommen besonders oft vor?
- Welche Erfahrungen stehen hinter diesen Stationen und Ereignissen?

- Was hast du aus deinen Erfahrungen gelernt?
- Was hat dir geholfen, diese Situation zu lösen?
- Welche deiner Fähigkeiten werden deutlich?
- Was zeigt sich immer wieder, weil es dir ein besonderes Bedürfnis ist oder es deinen persönlichen Werten und Überzeugungen entspricht?

Gruppiere, was zusammengehört. Zähle, welche Stärke wie oft vorkommt. Je häufiger sie auftaucht, umso eher hilft sie dir, dass du Situationen gut lösen oder besonders positiv entwickeln kannst.

Deine Scheunen sind nun gut gefüllt und du kannst dich jederzeit an all deinen Reichtümern bedienen. Wann immer du vor einer persönlichen Herausforderung stehst, kannst du nun die Scheunentore öffnen und dich fragen: »Welche meiner Stärken werden mir dabei am besten helfen?« Und noch die Präzisierungsfrage ergänzen: »Und wie genau werden sie mir dabei helfen?« Freu dich an dem, was du hast. Du bist gut gerüstet für dein gutes Leben.

Positive Gefühle bringen deine Stärken zum Strahlen

Um dich mit noch mehr Kraft und guter Energie zu versorgen, kannst du das Wissen aus der positiven Psychologie nutzen. Diese psychologische Strömung hat vielfach bewiesen, dass positive Gefühle zu noch mehr positiven Gefühlen führen. Positive Gefühle fühlen sich nicht nur gut an, sie haben auch einen besonderen Effekt: Das Empfinden von positiven Gefühlen ermöglicht uns einen besseren Zugang zu unseren Stärken und Fähigkeiten.

Die Psychologie-Professorin Barbara Fredrickson identifiziert Emotionen, die diese verstärkende Wirkung haben und unsere Lebenszufriedenheit befeuern: Freude, Dankbarkeit, Heiterkeit & Gelassenheit, Interesse & Neugier, Hoffnung & Zuversicht, Stolz, Inspiration, Vergnügen, Ehrfurcht und Liebe.

Mach es dir zur täglichen Gewohnheit, möglichst viele dieser Gefühle zu erleben, damit du deine Stärken und Ressourcen noch intensiver entfalten kannst.

MEIN RESSOURCEN-BETTHUPFERL

Vor vielen Jahren habe ich es mir zur Routine gemacht, vor dem Zubettgehen meine Ressourcen für den kommenden Tag zu aktivieren. Dafür nehme ich meine Stärken, Talente und Fähigkeiten des vergangenen Tages in den Blick und schreibe sie für mich auf – sprich: Ich ernte und fülle meine Scheunen immer weiter. Danach fokussiere ich den kommenden Tag und seine Herausforderungen. Mit der Frage »Welche meiner Stärken und Ressourcen werden mir morgen besonders helfen?« hole ich mir Unterstützung von mir selbst aus meinen vollen Scheunen. Abschließend frage ich mich: »Wie genau werden mir diese Stärken morgen helfen?«. Damit aktiviere ich meine Ressourcen schon bevor ich sie brauche und bereite mich gut auf fordernde Situationen vor.

Alternative Fragen, die ich in der Vorbereitung verwende, sind: »Wie habe ich mir in vergleichbaren Situationen geholfen?« Oder auch: »Was gibt mir Kraft und wie sorge ich morgen dafür, in meiner Kraft zu bleiben?« Manchmal stelle ich mir mehrere Fragen, manchmal nur eine. In allen Fällen genieße ich mein Ressourcen-Betthupferl und freue mich gestärkt und gut ausgestattet auf den neuen Tag.

Buchbonus: Das Ressourcen-Interview

Für einen noch tieferen Blick auf deine Kräfte stelle ich dir eine weitere Coaching-Technik vor, die dir helfen kann, aus vergangenen Herausforderungen eine Vielzahl von Ressourcen, Stärken und Fähigkeiten zu ernten. Mit dem »Ressourcen-Interview« des Arbeits- und Organisationspsychologen Tim Graf-Kolvenbach wirst du an einer persönlichen Herausforderung aus deiner Vergangenheit entdecken, wie viele hilfreiche Stärken und Fähigkeiten in jeder deiner Erfahrungen schlummern. All die geernteten Ressourcen kannst du anschließend in deinen Scheuen sammeln. Sie stehen dir jederzeit zur Verfügung, wenn du sie brauchst. Das Ressourcen-Interview kannst du für mehrere Situationen führen und so viele Ressourcen sammeln, bis du für dich sagst: »Ich habe alles, was ich brauche, um mein gutes Leben zu gestalten – das ist der wahre Power-Effekt!«

WERTVOLLE WERTE. LERNE DIE AUTOPILOTIN DEINES LEBENS KENNEN

Werte sind tiefe Überzeugungen, die bestimmen, was uns im Leben wichtig ist, und dienen uns als moralischer Kompass und ethische Leitlinie. Letztendlich bestimmen sie darüber, was wir für richtig oder falsch halten. Dabei sind Werte nicht objektiv, sondern kulturell, familiär und individuell geprägt und wirken überwiegend unbewusst. Sie sind die steuernde Autopilotin unseres Lebens.
Besonders aktiv werden sie, wenn wir Entscheidungen treffen, Konflikte austragen oder in moralischen Dilemmata stecken. Ob sie uns dabei eine Handlungsempfehlung geben, die zur Richtung unseres Lebens passt, oder sich noch an den Weisheiten unserer Vergangenheit orientieren, steht auf einem anderen Blatt. Denn Werte bekommen – sofern wir uns nicht aktiv um ihre Anpassung kümmern – kein Update. Sie bleiben auf dem Stand ihrer Entstehung – und das kann bis in die frühe Kindheit zurückgehen. Darüber hinaus werden sie bei jeder bewussten oder unbewussten Anwendung verfestigt und damit stabiler. Das kann dazu führen, dass unsere Werte uns zwar in eine bestimmte Richtung lenken, diese aber nicht mehr zu uns passt. Daher ist es so wichtig, die persönlichen Werte unter die Lupe zu nehmen und zu prüfen, ob sie noch zu unserer Ausrichtung im Leben passen und ob sie uns bei unseren Entscheidungen gute Dienste erweisen.

Deinen Werten ein Update verpassen

Entscheidungen sind die Weggabelungen unseres Lebens und eine zentrale Wirkstätte unserer Werte. Manchmal erscheinen Entscheidungen federleicht. Manchmal quälen sie uns über längere Zeit. Und es gibt Fälle, in denen das Abwägen nicht gelingen mag und dazu führt, dass wir keine Entscheidung treffen. Doch auch keine Entscheidung ist eine Entscheidung. Es ist die Entscheidung, andere für dich entscheiden zu lassen.
Jede getroffene – oder nicht getroffene – Entscheidung führt in eine bestimmte Richtung. Unsere Werte beeinflussen, welche das ist. Und das – ich muss es nochmals betonen – basierend auf unserem Wissen aus der Vergangenheit. Damit ist nicht garantiert, dass sie zu unserer gegenwärtigen Ausrichtung passen! Selbst bei Entscheidungen, die leichtfallen, können unsere Werte uns in eine falsche Richtung lenken und unser Leben aus der Balance geraten lassen.
Nimm dir also Zeit, deine Werte-Autopilotin besser kennenzulernen und sie auf dein neues, kraftvolles Leben auszurichten. Dann kannst du dich darauf verlassen, dass dein Leben auch in die von dir gewählte, selbstbestimmte Richtung verläuft.

Ein guter Weg, dich deinen richtungsgebenden Werten zu nähern ist, bereits getroffene Entscheidungen unter die Lupe zu nehmen. In ihnen sind all die Werte verborgen, die bestimmen, wie dein Leben verläuft. Sobald du sie und ihre Dynamik kennst, kannst du sie passend zu deiner Lebensreise ausrichten.

WERTE, DIE FÜR DICH ENTSCHEIDEN

Das Bewusstmachen deiner Werte hilft dir bei zukünftigen Entscheidungen. Konzentriere dich in deiner Wertereflexion erstmal auf Entscheidungen deiner Vergangenheit. Besonders spannend sind Entscheidungen, die schwierig zu treffen waren, oder solche, bei denen du in Kauf genommen hast, Dinge oder Menschen, die dir wichtig sind, hintanzustellen. Solche Entscheidungen zeigen Werte, die einen hohen Stellenwert für dich haben.
Stell dir für jede dieser Entscheidungen die untenstehenden Reflexionsfragen und notiere bei Frage vier die zugehörigen Werte, die für dich deutlich werden.
1. Was hat dich auf diese Weise entscheiden – oder eben nicht entscheiden – lassen und was hat dir diese Entscheidung gebracht?
2. Welche Gedanken und Leitsätze waren dabei aktiv?
3. Worauf hast du verzichtet und was hast du dadurch vernachlässigt oder nicht berücksichtigt, von dem, was dir auch wichtig ist?
4. Welche Werte standen hinter dieser Entscheidung?

Anregung für deine Werteliste

Abenteuer, Aktivität, Anerkennung, Aufgeschlossenheit, Authentizität, Begeisterung, Beharrlichkeit, Dankbarkeit, Disziplin, Ehrlichkeit, Erfolg, Familie, Fairness, Flexibilität, Freiheit, Freundlichkeit, Freundschaft, Frieden, Gerechtigkeit, Gesundheit, Glaube, Großzügigkeit, Harmonie, Hilfsbereitschaft, Humor, Individualität, Innovation, Klarheit, Leidenschaft, Loyalität, Menschlichkeit, Mitgefühl, Mut, Nachhaltigkeit, Neutralität, Ordnung, Respekt, Ruhe, Sicherheit, Solidarität, Sparsamkeit, Tapferkeit, Teamgeist, Toleranz, Tradition, Transparenz, Treue, Unabhängigkeit, Verantwortung, Verbundenheit, Verlässlichkeit, Vertrauen, Würde, Zuverlässigkeit

Nachdem du dir alles notiert hast, siehst du deutlich, was die jeweilige Entscheidung gebracht hat und was auch der zugehörige Verzicht war. Für künftige Situationen kannst du daraus ableiten, was dein Gewinn sein kann und auch, welchen Preis du für diese Entscheidung zahlen wirst. Dies ermöglicht dir, bewusster zu entscheiden und eröffnet dir zusätzliche Chancen.

In der Tabelle findest du ein Coaching-Beispiel, in dem eine Person vor der Entscheidung stand, einen Job im Ausland anzunehmen oder in der Heimat bei ihrer Familie zu bleiben. Mithilfe der Reflexionsfragen konnte sie ihre Werte herausarbeiten und hatte klar vor Augen, was für und was gegen die Annahme des Jobs sprach. Dadurch erkannte sie die Sorge, sie könnte durch die Übersiedlung ins Ausland ihr wichtige Menschen verlieren. So reflektiert entschied sie, aktiv auf für sie wichtige Menschen zuzugehen und diese Befürchtung mit ihnen zu teilen. Durch diese Gespräche ergaben sich gemeinsam gefundene Lösungen, wie diese Zeit überbrückt werden kann, und die Beziehungen vertieften sich sogar durch den offenen Austausch.

Nutze für deine zukünftigen Entscheidungen die Reflexionsfragen aus dem Beispiel, notiere dir deine Werte und komme dann zu einer für dich guten Entscheidung.

REFLEXIONSFRAGEN	LÖSUNG A	LÖSUNG B
Was spricht für Lösung A, was spricht für Lösung B?	Neugier, Lust auf Neues und Veränderung, freies Leben, persönliche Weiterentwicklung, Vielfalt der Welt kennenlernen	Familie pflegen. Vertrautes Umfeld, das mir Kraft gibt.
Welche Gedanken und Leitsätze stehen dahinter?	Ich darf mir selbst nicht im Weg stehen. Das, was mein Umfeld denkt, darf mich nicht aufhalten. Ich kann und will viel erreichen. Das mache ich für mich.	Ich fühle mich geborgen und sicher hier. Meine Familie gibt mir Kraft. Ich mache mir Sorgen, dass die Verbindung zu mir wichtigen Menschen schwächer wird.
Welches Risiko ist mit Lösung A, welches mit Lösung B verbunden?	Bestehende Beziehungen können sich verändern und verloren gehen.	Die Chance auf ein freies Leben, persönliche Weiterentwicklung, großartige Erfahrungen, Vielfalt der Welt verpassen.
Welche deiner Werte werden für dich deutlich?	Neugier, Abenteuerlust, Wissensdurst, Mut	Loyalität, Vertrauen, Heimat, Sicherheit

Mit dieser Reflexion kannst du immer wieder überprüfen, ob dich deine Werte auf hilfreiche Art leiten, oder ob du nachjustieren willst. Im nächsten Kapitel kannst du deine Wertearbeit noch weiter vertiefen. In Step 3 des Power-Effekts gebe ich dir eine Anleitung, deine Werte für all jene Lebensbereiche zu reflektieren, die dir besonders wichtig sind.
Darüber hinaus kannst du dir, sobald du deine neue Ausrichtung beschlossen hast, noch die folgenden Fragen stellen: »Wie sehr bringt mich der jeweilige Wert – mit Blick auf meine zukünftige Ausrichtung – zu meinem Ziel? Wie muss ich ihn gegebenenfalls anpassen?«
Nun kennst du jene Werte, die dein Leben beeinflussen, und kannst bei deinen Entscheidungen auf sie achten. Deine Scheunen sind mit erreichten Erfolgen, Stärken, Ressourcen und Fähigkeiten gefüllt und du bist achtsamer in der Wahl deiner Worte geworden. So nährst du den *Dreiklang deiner Stärken* und weißt: Alles, was ich brauche, um meinen Weg zu gehen, habe ich bereits in mir. Du hast die Kraft – jetzt mach was draus.

Dreiklang deiner Stärken

ERREICHTE ERFOLGE

ACHTSAME WORTE

WERTVOLLE WERTE

Step 3: Ausrichten. Gestalte deinen Platz in dieser Welt

Nun geht es um deine Ausrichtung. Die Vier Säulen des guten Lebens helfen dir, für Klarheit und Balance zu sorgen, die Richtung deiner Reise festzulegen, dich deinem Lebenssinn zu nähern und deine Träume zu erfüllen.

Mit der Kraft des Innehaltens und der Reflexion, dem Abstreifen hinderlicher Stereotype, deinen vollen Scheunen und hilfreichen Werten hast du dich nun aufgeladen, deinen Platz in dieser Welt zu gestalten und dich den zentralen Fragen zu widmen:

- Welche Richtung soll dein Leben nehmen?
- Welche Träume möchtest du verwirklichen?
- Was sind die Ziele für dein sinnerfülltes Leben?
- Wie möchtest du dein Leben gestalten, um ausgewogen und in Balance zu leben?

Mit deinen Antworten legst du die Richtung deines Lebens fest und wirst mit viel Klarheit zur Wegweiserin der besten Version deiner selbst. Lass uns einsteigen in die vier tragenden Säulen eines guten, selbstbestimmten Lebens.

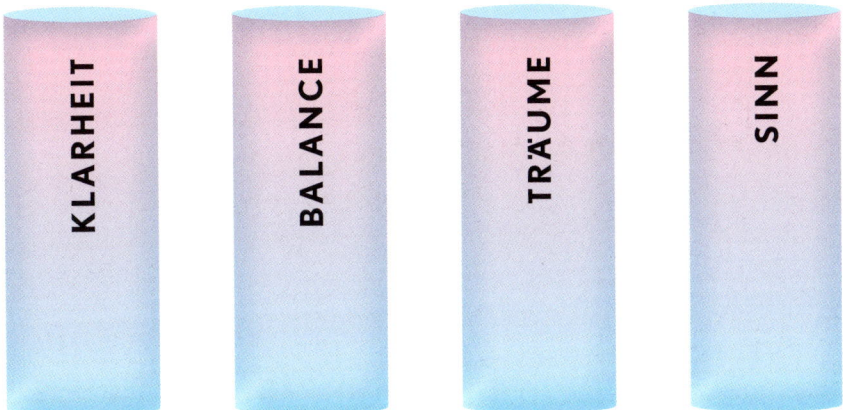

Ein gutes Leben gibt Klarheit

Wenn wir wissen, was Teil unseres Lebens sein soll – und auch, was wir jedenfalls nicht in unserem Leben haben wollen, haben wir Klarheit über den Rahmen, in dem wir unsere Ziele planen und umsetzen können. In der Säule der Klarheit führe ich dich auf einen erhellenden *Himmel-&-Hölle-Spaziergang*.

Ein gutes Leben ist vielfältig und in Balance

Wenn uns bewusst ist, was unsere wichtigsten Lebensbereiche sind, können wir sie pflegen und untereinander ausbalancieren. So machen wir einen großen Schritt Richtung Zufriedenheit, denn ein ausgewogenes Leben findet in mehreren Bereichen statt. In der Säule der Balance machst du dich mit dem *Strauß der erfüllten Lebensbereiche* vertraut.

Ein gutes Leben verwirklicht deine Träume

In jedem Leben gibt es individuelle Träume. Wenn wir sie entschlüsseln und in konkrete Ziele verwandeln, werden sie erreichbar und zur Bucketlist des Lebens. Auf ihr steht, was wir im Leben bewegt haben müssen, um mit Freude sagen können: Mein Leben ist erfüllt. In der Säule deiner Träume gehst du ins *Gespräch mit deiner Zukunft*.

Ein gutes Leben hat einen tieferen Sinn

Jeder Mensch hat eine besondere Gabe. Wir erleben unser Leben als sinnerfüllt, wenn wir diese Gabe erkennen und entfalten. Wenn wir dabei auch noch zum Glück anderer oder zum Guten in der Welt beitragen, verstärkt sich dieser Effekt. In der Säule des Sinns warten eine *persönliche Zeitreise* und die vier *Kreise des sinnerfüllten Lebens* auf dich.

Diese *Vier Säulen des guten Lebens* geben dir die Stabilität, um tatsächlich dein eigenes Leben zu führen und weniger nach den Erwartungen anderer zu leben. Jede Säule besteht aus guten Gedanken und praktischen Umsetzungen, die dich voranbringen. Mit den folgenden Leitfragen ermutige ich dich gleich zu Beginn, deinen Platz in dieser Welt zu reflektieren. Sie werden dir dabei helfen, den eigenen Entwurf eines geglückten Lebens zu entwickeln und deine Zeit sinnerfüllt zu nutzen:

- Wie sehr lebst du das Leben, das dir und deiner Bestimmung entspricht?
- In welchen Aspekten gibst du deinem inneren Ruf Raum?
- Wie soll sich dein Leben weiterentwickeln?
- Wofür möchtest du deine Zeit nutzen?
- Welchen Platz möchtest du einnehmen in dieser Welt?
- Was soll Teil deines Lebens sein?
- Was möchtest du im Leben anderer bewirken?
- Wie muss dein Leben verlaufen, dass du am Ende deiner Tage mit Stolz und Freude auf deine Zeit in dieser Welt zurückblickst und sagen kannst: »Es war gut.«?

Mit der Beantwortung dieser lebensbestimmenden Fragen beginnst du, deinen persönlichen Power-Effekt zu aktivieren. Gönne dir die Zeit, sie zu entschlüsseln, deine Prioritäten aufzuschreiben und dich dann den *Vier Säulen des guten Lebens* zu widmen.

SÄULE 1: EIN GUTES LEBEN GIBT KLARHEIT

Das Denken in Extremen hilft dir, die Leitplanken deines Lebens zu definieren und herauszufinden, was du jedenfalls erreichen und – auf der anderen Seite – unbedingt vermeiden willst. Mit dieser Klarheit schaffst du Raum für wichtige Vorhaben und setzt deine Energie an den richtigen Stellen ein.
Im *Himmel-&-Hölle-Spaziergang* der Psychotherapeutin (i. A. u. S.) Kathrin Elias fokussierst du in kurzer Zeit auf beide Szenarien und kannst so Klarheit für deine Ziele schaffen und dich gegenüber jenen Dingen abgrenzen, die keinen Platz in deinem Leben haben.
Himmel: Der Fokus auf das Positive schafft Gewissheit, was uns guttut und was wir anstreben wollen.
Hölle: Der Blick auf das Negative zeigt, was wir verhindern oder vermeiden sollen.

EIN SPAZIERGANG IN DEIN GELUNGENES LEBEN

Der *Himmel-&-Hölle-Spaziergang* funktioniert am besten in der freien Natur. Du kannst den Spaziergang für dich allein in reflektierender Stille oder im Gespräch mit einer vertrauten Person machen. Definiere noch vor dem Spaziergang deine wichtigsten Lebensbereiche wie zum Beispiel: Beruf, Familie, Freund:innen und Sozialleben, Liebe und Sexualität, Ehrenamt, Hobbys und Freizeit, Sport und Fitness, du und deine persönliche Entwicklung, Spiritualität und Transzendenz, Poesie und Intellektualität. Es sollen die Lebensbereiche sein, die für dich wichtig sind und in deinem Leben Bedeutung haben. Die Anzahl ist egal, Hauptsache, sie fühlen sich für dich richtig und relevant an.

Notiere in Stichworten, wie dein himmlisches und dein höllisches Leben sein würde. Sei möglichst konkret und halte sowohl die großen Bausteine als auch die kleinen Details fest. Notiere unbedingt, was genau in den jeweiligen Szenarios erfreulich klingt und dein Herz erfreut bzw. dir Angst oder Sorgen bereitet. Lass deiner Fantasie freien Lauf!

▶ *Stelle dir zu jedem Lebensbereich folgende Fragen:*

FÜR DIE HIMMELS-STRECKE
Wie würde dein Leben sein, wenn es einfach nur großartig wäre? Was wären wichtige Lebensbereiche für dich? Was würdest du häufig tun?

Stell dir vor, über Nacht passiert ein Wunder. Plötzlich ist alles perfekt und alle Sorgen oder Probleme haben sich aufgelöst. Wie wäre es dann?

Erträume dir das beste aller Leben. Wie würde es sein, wenn es keinerlei Vorgaben oder Einschränkungen gebe?

FÜR DIE HÖLLE-STRECKE
Wie würde dein Leben sein, wenn du im schrecklichsten aller Leben gefangen wärst?

Aus welchen Elementen würde es bestehen?

Was würde dir fehlen?

Welche Details wären dabei ausgeprägt? Was genau klingt besonders schrecklich und wäre für dich so unangenehm daran?

Die Auswertung

Filtere aus deinen Notizen Wichtiges und Wiederkehrendes und halte für dich fest:
- Die Elemente meines Himmels sind:
- Die Qualität meines Himmels kann ich wie folgt beschreiben:
- Diese Elemente und Qualitäten möchte ich vermehrt in mein Leben bringen:
- Meine ersten Ideen, wie ich dies tun kann, sind:

- Die Elemente meiner persönlichen Hölle sind:
- Ihre Auswirkung auf mich kann ich wie folgt beschreiben:
- Welche davon möchte ich verringern, vermeiden oder mich von ihnen verabschieden:
- Meine ersten Ideen, wie ich dafür sorgen kann, sind:

- Mit Blick auf den gesamten Spaziergang sind meine Erkenntnisse:
- Daraus leite ich für mich ab:

Der *Himmel-&-Hölle-Spaziergang* ist eine Reflexions-Methode, die jährlich wiederholt werden kann, um immer wieder neue Klarheit für deinen persönlichen Lebensweg zu gewinnen.

SÄULE 2: EIN GUTES LEBEN IST VIELFÄLTIG UND IN BALANCE

Ein gutes Leben findet in mehreren Bereichen statt. Zu wissen, was dir in deinem Leben wichtig ist, hilft dir, Ziele in den einzelnen Bereichen festzulegen, sie mit Leben zu erfüllen, den Kurs zu halten und sie untereinander zu balancieren. So machst du einen großen Schritt in Richtung eines ausgewogenen Lebens.

DER STRAUSS DER ERFÜLLTEN LEBENSBEREICHE

Um diese Balance zu finden, eignet sich die Reflexion *Strauß der erfüllten Lebensbereiche*. Sie ist besonders schön, wenn du dich auf eine kreative Umsetzung in Form einer Collage einlässt, funktioniert aber auch ohne. Für die kreative Umsetzung brauchst du einige Zeitschriften, um Bilder und Texte auszuschneiden, Klebematerial, Schere und ein großes Blatt Papier.

DER STRAUSS DER ERFÜLLTEN LEBENSBEREICHE

Schritt 1: Wähle deine Lebensbereiche

Definiere die für dich wichtigen Lebensbereiche, die du in deinem guten Leben pflegen möchtest. Greif ruhig auf die Bereiche aus deinem *Himmel-&-Hölle-Spaziergang* zurück. Hier ein Auszug möglicher Lebensbereiche:

- Liebe, Partnerschaft und Sexualität
- Familie und Kinder
- Persönliche Entwicklung und Mensch-Werdung
- Gesundheit, Fitness und achtsamer Lebensstil
- Beruf, Berufung, soziales Engagement
- Finanzielle Freiheit und materieller Wohlstand
- Freund:innen und Sozialleben
- Spiritualität, Religion, Transzendenz

Du kannst besonders wichtige Bereiche einzeln bearbeiten, andere wiederum gruppieren. Teile die Kreissegmente so ein, wie sie deiner Idealvorstellung entsprechen.

Schritt 2: Male dir deine Lebensbereiche aus

Nun kommt der kreative Teil. Illustriere mit Bildern und Texten, die du ausschneidest, die einzelnen Bereiche deines Lebens. Male jeden Bereich in den buntesten Farben aus. Leitfragen deiner Reflexion sind: Wie fühlt sich mein erfülltes Leben an? Wie sehen die jeweiligen Segmente aus? Was soll unbedingt Platz finden? Was sind meine Ziele in den einzelnen Bereichen? Was soll in diesen Bereichen in meinem Leben bleiben oder in mein Leben kommen? Was erfreut und erfüllt mich? Wovon möchte ich mehr? Denk dabei an deine großen Ziele, Träume und Wünsche ebenso wie an die kleinen Freuden und an die perfekten Tage in deinem Leben. Lass dich auf diesen Prozess ganz intuitiv ein – und sei offen für ein überraschendes Ergebnis.

Halte deine Wünsche und Ziele in allen Lebensbereichen fest. In Step 4 und 5 werden wir sie noch weiter präzisieren und um hilfreiche Umsetzungsroutinen ergänzen.

Schritt 3: Entscheidende Werte für mehr Balance im Leben

Um noch tiefer in diese Reflexion einzutauchen, kannst du – ergänzend zur Wertereflexion aus Step 2 – deine Werte in deinen Lebensbereichen erarbeiten. Damit erhältst du weitere Einsichten in deine Autopilotin, deine Entscheidungsdynamiken und kannst erkennen, ob in deinen unterschiedlichen Lebensbereichen ähnliche Werte wirken. Vielleicht entdeckst du aber auch Wertekonflikte, die es lohnt, aufzulösen, damit dein Leben in Balance kommt. Überleg dir, welche Werte den jeweiligen Lebensbereich leiten – auch hier kannst du dich über bereits getroffene Entscheidungen nähern. Hier findest du die Fragen am Beispiel Beruf:

Denk an eine berufliche Situation, von der du sagst: Das war großartig, genau so soll es sein. Eine Situation, in der du energiegeladen und ganz bei dir bist. Wie würdest du die Qualität dieser Situation benennen? Welche Gefühle haben die Situation für dich geprägt? Was war hier essenziell wichtig? Welche Werte kannst du dabei erkennen?

Stell dir diese Fragen in allen für dich wichtigen Lebensbereichen und notiere die Antworten. Schließ deine Sammlung ab, wenn du das Gefühl hast, alles Relevante aufgeschrieben zu haben. Nun kommt die Sortierarbeit: Was sind die wichtigsten Begriffe und welche tauchen immer wieder auf? Notiere deine Werte und markiere die besonders wichtigen. Nun hast du einen guten Überblick über jene Werte, die deine zentralen Lebensbereiche entscheidend beeinflussen. Werte sind eine unschätzbare Ressource in unserem Leben. Sie geben Sicherheit in schwirigen Situationen, sie machen handlungsfähig und geben Kraft bei Gegenwind und Kritik. Wenn wir sie für unsere wichtigsten Lebensbereiche kennen, fällt es uns noch leichter, uns auf sie zu beziehen und sie zu nutzen.

Buchbonus:
Dein Autopilotinnen-Check

Mithilfe des Autopilotinnen-Checks kannst du vertiefend überprüfen, ob du dein Leben aktuell in Balance hältst. Du findest heraus, wofür du deine Zeit verwendest und auf welche Weise du dich dabei deiner Werte bedienst.

SÄULE 3: EIN GUTES LEBEN ERFÜLLT TRÄUME

Am Anfang träumen alle groß. Tief in unseren Kinderseelen scheint das Wissen verankert zu sein, wofür wir auf der Welt sind. Große Träume beflügeln unsere frühen Jahre. Das Selbstbewusstsein und die Klarheit, die Kinder in der Vermittlung ihrer Träume in die Welt tragen, zeigen die Unverhandelbarkeit der eigenen Bestimmung und den absoluten Willen zur großen Tat.

Jahre später bemerken wir, dass die Träume unserer Kindheit verblasst sind. Grund dafür sind häufig vermeintliche Sachzwänge und Stereotype, die uns in spezifische Rollen drängen. Nur allzu schnell finden wir uns in einer Realität des Erwachsenseins, die von Druck und Mehrfachbelastung geprägt ist und vor allem Frauen fordert. Persönliche Träume werden an den Alltag und an gesellschaftliche Erwartungen angepasst, aufgegeben oder irgendwann ganz vergessen.

Das ist schade, denn die Träume unserer Kindheit sind ein vitaler Teil von uns. Sie sind Ausdruck unserer innersten Wünsche und unseres authentischen Selbst. Sie sind ein Hinweis auf das, was uns ausmacht und unser Sinn, unsere Bestimmung sein kann. Deswegen ist es so wichtig, unsere Träume wiederzuentdecken, wenn wir auf der Suche nach einem sinnerfüllten Leben sind.

Die Coaching-Technik *Im Gespräch mit deiner Zukunft* hilft, den Blick auf das Wesentliche zu lenken und die großen Fragen des Lebens aus der Distanz zu sehen. Mit ihr kannst du dich deinen Träumen wieder annähern.

Im Gespräch mit deiner Zukunft

Du findest nun drei Möglichkeiten, aus deiner Zukunft auf dein Leben zu blicken:
- eine Zeitreise ins Jahr 2050 zu unternehmen
- deine persönliche Grabrede zu verfassen
- im Ruhestand ein Interview mit deiner Enkelin zu führen

Du kannst alle drei Möglichkeiten ausprobieren oder dir eine davon aussuchen, von der du das Gefühl hast, dass sie dich am besten bei der Entdeckung deiner Lebensträume unterstützt.

MÖGLICHKEIT 1: EINE ZEITREISE IN DEINE ZUKUNFT

Stell dir vor: Wir befinden uns im Jahr 2050 und du blickst aus einem erfüllten Leben zurück auf deine Zeit auf dieser Welt: Was siehst du? Was hast du bewirkt? Wie hast du gelebt? Lass deine Fantasie spielen – alles ist in dieser Zeitreise möglich. Beantworte für dich die folgenden Fragen – am besten schreibst du dir die Antworten auf, das erleichtert es dir, die Fragen untereinander in Verbindung zu setzen.

1. **WAS** ist dir auf deinem Weg gut gelungen? Was sind die Besonderheiten in deinem Rückblick? Woran hast du Freude? Worauf bist du so richtig stolz?
Halte alle Ergebnisse fest, die dir in den Sinn kommen. Das können faktische Ziele sein, wie ein Unternehmen aufzubauen oder eine App zu entwickeln, die das Plastikproblem der Welt löst. Ebenso kannst du hier emotionale oder private Ziele anführen, wie ein guter Mensch zu sein, eine Familie zu gründen oder die Welt gesehen zu haben.

2. **WESHALB** ist dir das wichtig?
Beantworte für alle Ereignisse, die du in Frage 1 festgehalten hast, weshalb dir gerade dieses Ereignis oder Ergebnis wichtig ist und was dadurch für dich oder andere möglich wurde.

3. **WIE** hast du dafür gesorgt, dass dieses Ergebnis in die Welt kommen kann? Was hast du konkret getan?
Beschreibe deine Beiträge für alle Ereignisse, die du in Frage 1 genannt hast. Nenne mehrere Aktivitäten und Handlungen für jedes Ereignis.

MÖGLICHKEIT 2: DEIN NACHRUF AN DICH SELBST

Stell dir vor, du bist 97 Jahre alt und weißt, dass sich dein Leben dem Ende zuneigt. Du hast bereits alles Wesentliche geregelt. Nun bleibt nur noch, deine Beerdigung zu arrangieren, und du bittest einen Menschen deines Vertrauens, deine Grabrede zu halten.

Die Person willigt unter der Bedingung ein, dass du selbst den Text schreiben wirst. Nun ist es also an dir: Verfasse deinen Nachruf. Sprich dabei über dich in der dritten Person (»sie hat ...«) und gib dem Nachruf einen Titel, der deinen wesentlichen Beitrag in der Welt beschreibt. Lass alles einfließen, was in einen guten Nachruf gehört:

- Was war dir wichtig?
- Was waren die wesentlichen Ereignisse deines Lebens?
- Was hast du in der Welt bewegt?
- Was hast du bei anderen bewirkt?
- Wofür sind dir andere Menschen dankbar?
- Was hat dich ausgezeichnet und besonders gemacht?
- Was bleibt von dir?
- Wofür wirst du in Erinnerung behalten?
- Was werden die Hinterbliebenen besonders vermissen?

MÖGLICHKEIT 3: DAS INTERVIEW DEINES LEBENS

Du bist bereits seit zehn Jahren im Ruhestand. Deine Enkelin oder dein Patenkind bittet dich, mit dir ein Interview über dein Leben zu führen und dies aufzeichnen zu dürfen. Natürlich stimmst du zu. Hier sind die Leitfragen, die sie für das Interview vorbereitet hat – halte deine Antworten für sie fest.
Wenn du auf dein Leben zurückblickst:

- Was waren die wichtigsten Stationen für dich?
- Worauf bist du in deinem Leben besonders stolz?
- Was hat dein Leben lebenswert für dich gemacht?
- Wobei hast du dich lebendig gefühlt?
- Wovon hättest du gern mehr gehabt?
- Was hat dir vielleicht gefehlt?
- Was würdest du rückblickend anders machen?
- Was würdest du deinem jüngeren Ich aus heutiger Sicht mitgeben?
  (Beantworte diese Frage für mehrere Stationen – z.B. deinem 30-jährigen Ich, dem 40-jährigen Ich etc.)
- Welches nicht-materielle Geschenk würdest du deinem jüngeren Ich gerne machen und was würdest du deiner Enkelin, deinem Patenkind für ihr Leben ans Herz legen?

Denk im Interview daran, auch die Zeiten zu beleuchten, die – aus heutiger Sicht – noch in der Zukunft liegen. Lass dich auch für diesen Teil, der noch nicht passiert ist, auf die Fantasiereise ein und erzähle vom besten Leben, das du dir heute vorstellen kannst.

Für alle drei Varianten gilt: Notiere dir deine wichtigsten Antworten und lies sie dir immer wieder durch. Wenn du die Effekte des Gesprächs mit deiner Zukunft verstärken willst, kannst du deine Antworten einer Person deines Vertrauens vorlesen und sie fragen: Welche Aspekte meines Lebens findest du hervorstechend und bemerkenswert? Welche meiner Eigenschaften, Qualitäten, Fähigkeiten und Talente sollte ich ergänzen?

SÄULE 4: EIN GUTES LEBEN HAT EINEN TIEFEREN SINN

Das, was wir als Lebenssinn erkennen, ist unser Kompass, der uns an den für uns richtigen Platz in dieser Welt führt. Der Sinn des Lebens ist individuell und für jeden Menschen einzigartig. Er weist uns in den großen Lebensfragen ebenso den Weg, wie er uns in den Entscheidungen des Alltags zur Seite steht. Je besser wir den Sinn unseres Lebens kennen, umso aufmerksamer können wir seinen Botschaften lauschen.

Zähneputzen für die Seele

Häufig erlebe ich in der Begleitung von Menschen eine große Ungeduld, wenn es um die Definition und Entwicklung des eigenen Lebenssinns geht. Das ist nicht sonderlich verwunderlich, da wir gemeinhin nicht dazu angeregt werden, uns Fragen zu unserem Lebenssinn zu stellen. In einer Gesellschaft, in der es mehr ums Haben als ums Sein geht und unsere Aufmerksamkeitsspanne auf die Dauer eines Reels gesunken ist, dürfen wir uns nicht wundern, wenn vielen Menschen ihr Lebenssinn verborgen bleibt. Sinn gibt es eben nicht im Sekundentakt, geswipt, als To-go-Produkt. Unser Lebenssinn steht – genauso wie unsere Begabungen – nicht in unserer Geburtsurkunde oder unserem Reisepass. Wir können ihn auch nicht messen oder diagnostizieren lassen. Wir tragen ihn in uns und dürfen ihn für uns entdecken. Um uns unseren Lebenssinn zu erschließen, müssen wir ihm Zeit und Aufmerksamkeit schenken. Selbst wenn wir ihn gefunden haben, gilt es, uns entlang unserer Lebensreise immer wieder auf ihn zu beziehen und zu hinterfragen, ob er sich im Lauf der Jahre nochmals gewandelt hat.

Manche wissen schon sehr früh, was ihre Begabungen sind, worin sie ihren Sinn finden und was ihr Platz in dieser Welt ist. Für andere bleibt diese Suche eine Lebensaufgabe. Sie haben meist das Gefühl, dass »da noch mehr ist«. Wenn auch du deinen Sinn im Leben finden oder weiter entfalten möchtest, gilt es, ihm Zeit zu widmen und in seine Entwicklung einzutauchen. Je regelmäßiger du dich mit ihm beschäftigst, umso eindeutiger kommt er zum Vorschein und umso klarer wird deine Ausrichtung. Das ist wie Zähneputzen für die Seele und fixer Bestandteil deines Power-Effekts.

Du erkennst, dass du deinem Lebenssinn auf der Spur bist, wenn …

- 💙 du etwas tust, das dich auch über längere Zeit erfüllt.
- 💙 du spürst: Das ist es, hier bin ich richtig.

- du aufgehst in dem, was du tust.
- dir das, was du tust, Freude bereitet und du dich zufrieden oder glücklich fühlst.
- dein Tun dich zum Lächeln bringt und dich und deine Seele wachsen lässt.
- dein Tun dir, anderen und oft auch einer größeren Sache dient.
- dein Tun eine Verbindung mit deiner inneren Quelle herstellt.
- du merkst, dass du deine Gaben und Talente einbringen kannst.
- du das Gefühl hast: Das soll ich in die Welt bringen.

Den Weckruf zur Sinnsuche spüren

Widmest du deinem Lebenssinn zu wenig Zeit und Aufmerksamkeit oder verbringst du dein Leben mit Aktivitäten, die ihn ignorieren, macht sich dies häufig durch die Empfindung eines Mangels deutlich. Dieser kann sich auf unterschiedliche Weise ausdrücken und ist ein Weckruf deiner Seele.

Der Weckruf zur Sinnsuche kann sich in dem Gefühl äußern, etwas zu verpassen, oder in der Sehnsucht nach etwas, das erfüllt werden soll. Er kann sich auch in Formulierungen wie: »Etwas fehlt in meinem Leben«, »Ich spüre, das war noch nicht alles«, »Mein Platz ist woanders« und »Irgendwie lebe ich an meinem Leben vorbei« zeigen. Oder du bemerkst, dass du dich – z. B. beruflich – in einer Situation befindest, in der du Leere oder Sinnlosigkeit empfindest, deine Tätigkeit viel Kraft kostet oder dich traurig macht. Genauso kann es sein, dass du über längere Zeit das Gefühl hast, du produzierst überwiegend leere Kilometer und dass es einfach nicht läuft, obwohl du dich engagierst.

Erlebst du solche Elemente des Mangels, dann verharre nicht zu lange in dieser Situation, denn sonst kann es passieren, dass du deine Kraft verlierst oder dein Feuer erlischt. Widme dich in solchen Phasen besonders aktiv deiner Sinnfrage, um deine Ausrichtung zu überprüfen.

Denk bei deiner Sinnsuche auch daran, dass es sich um eine andauernde, lebensbegleitende Aufgabe handelt. Du wirst die Antwort auf deine Sinnfragen wahrscheinlich nicht in den nächsten Stunden oder Tagen finden, aber du wirst deinem Sinn Schritt für Schritt näher kommen.

Um deinen Lebenssinn auf unserer gemeinsamen Reise weiter zu entschlüsseln, stelle ich dir nun zwei Werkzeuge vor, die dir helfen, auf deiner Sinnsuche voranzukommen. Zuerst kannst du in die *Vier sprudelnden Quellen deines Lebenssinns* eintauchen und dich danach mit deinem *Ikigai* – dem, wofür es sich zu leben lohnt – vertraut machen.

DIE VIER SPRUDELNDEN QUELLEN DEINES LEBENSSINNS

Mit den *Vier sprudelnden Quellen* beleuchtest du deinen Lebenssinn aus vier unterschiedlichen Perspektiven, die vielfältige Hinweise für dich bereithalten. Beantworte einfach jene Fragen, die dich ansprechen. Notiere deine Antworten und Gedanken, damit du dir einen guten Überblick verschaffen und in der Auswertung ins Detail gehen kannst.

1. Die Quelle deiner Leichtigkeit und Freude

Was tust du gerne? Was macht dir Spaß? Wobei erzielst du einfach gute Ergebnisse? Was geht dir besonders leicht von der Hand – selbst wenn es sich um knifflige oder fordernde Aufgaben handelt? Was lernst du schnell? In welchen Situationen bist du so engagiert, dass du sogar Essen und Trinken vergisst? Was interessiert dich? Welchen Aufgaben widmest du dich? Wovon erzählst du euphorisch? Wobei leuchten deine Augen und fühlst du dich energiegeladen? Was bringt dich zum Lächeln und erfreut dein Herz? Was bringt dich zum Durchatmen? Wie verbringst du deine Zeit am liebsten? Was macht dir in deiner Arbeit Freude? Welche Aspekte liebst du besonders? Was würdest du beruflich auch dann tun, wenn du finanziell ausreichend versorgt wärst?

2. Die Quelle deiner beruflichen Vielfalt

Was wäre, wenn dein Leben anders verlaufen wäre? Wie würdest du arbeiten, wenn du dich nochmals neu erfinden würdest? Welche anderen Berufe hättest du möglicherweise gewählt? Nenne so viele, wie dir einfallen, und halte fest, was den jeweiligen Beruf für dich so attraktiv macht. Welche Persönlichkeitsaspekte, Gaben und Talente könntest du in diesen Berufen verwirklichen? Welche deiner Stärken und Fähigkeiten würden besonders gut zur Geltung kommen? Welchen Beitrag würdest du mit diesen Tätigkeiten in der Welt leisten?

3. Die Quelle deiner Lieben

Was schätzen andere an dir und was zeichnet dich aus ihrer Sicht aus? Wofür bekommst du wertschätzendes Feedback? Welche deiner Fähigkeiten oder Talente solltest du – laut deinem Umfeld – verstärkt leben? Was tust du gerne und mit großem Engagement für andere?
Beantworte die Fragen erst einmal für dich allein. Suche dir danach Menschen, die dir wohlgesonnen sind. Bitte diese Personen, dir zu sagen, was aus ihrer Sicht deine Stärken sind, und dir auch konkrete Beispiele zu nennen, in denen sie diese Stärken erleben. Das kann direkt »Bitte nenne mir meine Stärken und wo dir diese auffallen« oder auch spielerisch gefragt sein: »Wenn ich mich bei dir z. B. als Freundin oder Kollegin ›bewerben‹ würde – welche meiner Fähigkeiten, Stärken und Talente sollte ich ganz oben anführen?«

4. Die Quelle deiner Kindheit

Was wolltest du als Kind werden? Was hast du besonders gern gespielt oder getan? In welche Rollen bist du geschlüpft? Welche Fantasien hast du als Kind gesponnen? Als was hast du dich beim Spielen verkleidet? Womit hast du gerne Zeit verbracht?
Notiere für dich, welche Qualität hinter diesen Rollen, Spielen und Verkleidungen steht. Welche Fähigkeiten und Besonderheiten haben dich als Kind ausgezeichnet? Was davon hat auch in deinem Erwachsenenleben Platz? Was fehlt dir aus dieser Zeit?

Werte deine Antworten aus: Welche Gemeinsamkeiten stellst du fest? Wo erkennst du einen roten Faden? Was wird besonders deutlich, das dir Hinweise auf deinen Sinn und deine Begabungen gibt? Gruppiere deine Antworten nach Gemeinsamkeiten, Mustern und Auffälligkeiten.

Auf der Suche nach deinem Ikigai

Auf den *Vier sprudelnden Quellen des Lebenssinns* aufbauend, kannst du mit dem *Ikigai* noch tiefer in die Suche nach deinem Lebenssinn eintauchen. Ikigai bedeutet – frei übersetzt – der Lebenssinn und das, »wofür es sich zu leben lohnt«. Entwickelt wurde die Ikigai-Psychologie von der japanischen Ärztin Mieko Kamiya. Sie beschreibt Ikigai als Glück, das wir fühlen, wenn die Dinge, die wir im Leben am liebsten tun, auch unsere Verpflichtungen sind. Das persönliche Ikigai zu kennen trägt nicht nur zu unserer Lebenszufriedenheit bei, sondern hat darüber hinaus auch gesundheitsförderliche Effekte.

In einer medizinischen Langzeitstudie der Universität Tōhoku konnte gezeigt werden, dass Menschen, die einen Lebenssinn empfinden und ihr Ikigai ausdrücken können, eine höhere Lebenserwartung haben, weniger Stress empfinden und ein signifikant niedrigeres Risiko für kardiovaskuläre Erkrankungen haben.

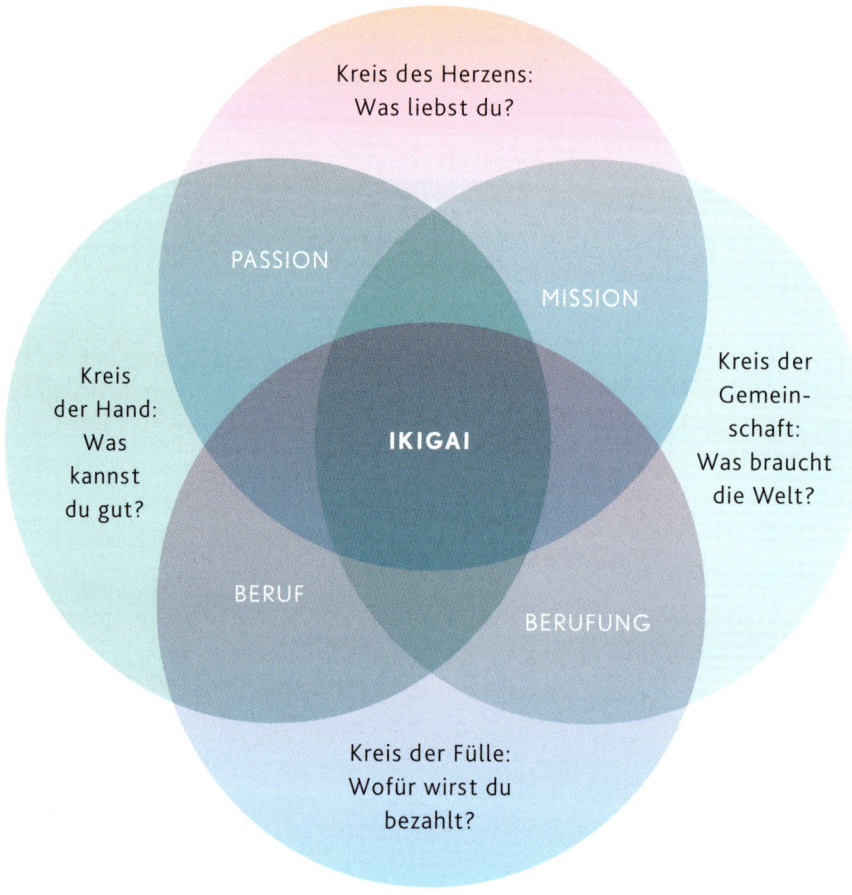

Die Ikigai-Blume mit ihren vier Reflexionskreisen ist eine gute Struktur um deinen Lebenssinn zu entwickeln. Nähere dich nun deinem Ikigai, indem du zunächst die vier Fragen in den Kreisen beantwortest:

1. Kreis des Herzens: Was liebst du?
2. Kreis der Hand: Was kannst du gut?
3. Kreis der Gemeinschaft: Was braucht die Welt?
4. Kreis der Fülle: Wofür wirst du bezahlt?

Widme dich danach den Schnittmengen:
- **Passion** – deine Leidenschaft: Was liebst du, das du auch richtig gut kannst?
- **Mission** – dein Auftrag: Wofür brennst du, das du auch gerne in der Welt bewirken möchtest?
- **Beruf** – deine Arbeit: Was kannst du gut, wofür du auch bezahlt wirst?
- **Berufung** – dein sinnerfülltes Erwerbsleben: Wofür wirst du bezahlt, das die Welt braucht, und folgst damit deiner Mission?

Nachdem du alle Kreise und Schnittmengen bearbeitet hast, markiere die Bereiche, die du als erfüllt erlebst. Kennzeichne jene, denen du noch mehr Aufmerksamkeit schenken möchtest, mit einer anderen Farbe. Nun hast du deinen Ikigai-Status-quo erarbeitet und kannst sehen, welche Bereiche schon gut entwickelt sind, und welche du noch weiter aktivieren willst. Vielleicht kannst du in der Mitte schon dein Ikigai »Der Sinn meines Lebens ist …«, oder auch: »Ich bin hier, um … zu …« formulieren. Nutze das Ikigai immer wieder, um es zu ergänzen, anzupassen und dich weiter mit deinem Lebenssinn zu beschäftigen.

Du hast dich in Step 3 bewusst ausgerichtet und deinen Platz in dieser Welt konkretisiert. Du hast den Rahmen und die Richtung deines guten Lebens abgesteckt, hast mehr Klarheit bekommen, was Platz in deinem Leben haben soll und was du von dir fernhalten willst. Du hast erarbeitet, wie dein Leben ausgewogen und in Balance verlaufen kann. Deine Träume und auch der Sinn deines Lebens werden immer klarer. Dein Blick richtet sich nun weiter nach vorne und vielleicht winkt dir bereits die Frau zu, die du werden willst. Das Leben, das du leben möchtest, wird immer greifbarer.

Step 4: Ankommen.
Du bist dein Antrieb

Schritt für Schritt kommst du an in deinem neuen Leben. Konkrete Ziele, die du mit viel Selbstvertrauen und der Devise Einfach machen! selbstverantwortlich umsetzt, unterstützen dich, die Weichen für deine gute Zukunft zu stellen. Mit der Pyramide der Kraft wirst du zur besten Chefin deines Lebens.

Der Power-Effekt führt dich irgendwann unweigerlich an den Punkt, an dem der Zug in dein selbstbestimmtes Leben Fahrt aufnimmt. Du hast dich neu ausgerichtet und kennst die Richtung, in die du gehen willst. Du hast für die Reise gepackt – deine Ressourcen aktiviert und weißt: dein neues Leben beginnt. Jetzt ist der Zeitpunkt gekommen, deine PS auf die Straße zu bringen und in deinem guten Leben anzukommen. Die *Pyramide der Kraft* hilft dir dabei.

Die Pyramide der Kraft

Die *Pyramide der Kraft* vereint vier Kraftfelder, die du brauchst, um dein eigener Antrieb zu sein und in deinem guten Leben anzukommen.

- **Konkrete Ziele** bestimmen die Richtung deiner Reise. Ohne konkrete Ziele bleiben deine Träume nur schöne Vorhaben und auch der persönliche Lebenssinn gelangt nicht zur Entfaltung. Daher ist es so wichtig, konkrete Ziele festzulegen, die dir ermöglichen, deine Vorhaben auch zu realisieren.
- Die Einstellung **»Einfach machen!«** sorgt dafür, dass du ins Tun kommst, indem du einfach machst und den ersten, zweiten und dritten Schritt setzt. Die Umsetzung deiner Ziele beginnt.

- Dein **Selbstvertrauen** – das Zutrauen, das du selbst dir schenkst – ist entscheidend, weil dein Vertrauen in dich dir Kraft verleiht. Glaub an dich und höre auf deine innere Stimme und deine Gefühle. So gibst du dir Sicherheit, bestärkst dich selbst und wirst zu deinem Antrieb.
- Deine **Selbstverantwortung** umfasst die Verantwortung für dein Denken, dein Handeln und deine Umsetzungskonsequenz. Es liegt in deiner Hand, deine Träume Wirklichkeit werden zu lassen. Übernimm die Gestaltungsmacht für dein Leben!

Mit diesen vier Bausteinen hast du alles im Gepäck, was du brauchst, um bei dir anzukommen und den Power-Effekt zu erleben. Lass uns nun die *Pyramide deiner Kraft* aktivieren.

KONKRETE ZIELE SETZEN. BESTIMME DEINE RICHTUNG

Deine Träume, Wünsche und Bedürfnisse zu kennen, ist nur die halbe Miete. Du brauchst konkrete Ziele, um deine Richtung zu bestimmen. Sie machen eine Umsetzung möglich und lassen dein gutes Leben Wirklichkeit werden.

Setze dir präzise Ziele

Erst wenn deine Ziele definiert, vorstellbar und attraktiv sind, bekommen sie Zugkraft und entfalten ihre Sogwirkung. Beschreibe so genau wie möglich, was du erreichen willst und wie es – im Vergleich zu heute – sein wird, wenn du dein Ziel erreicht hast. Je exakter du es beschreibst, umso leichter kannst du es anstreben. Was genau ist dein Ziel? Wo findet es statt? Was können andere beobachten, wenn du dein Ziel erreicht hast?

Verlässlich sein – steh dir im Wort

Um die Umsetzung deiner Ziele verbindlich zu machen, hilft es, Vereinbarungen mit dir selbst zu treffen. Dies kann in Form eines Kalendereintrags, eines schriftlichen oder mündlichen Versprechens an dich selbst oder eines persönlichen Vertrages, den du mit dir selbst schließt, erfolgen.

Liegen deine Ziele in deiner Hand?

Überprüfe, ob es in deiner Hand liegt, deine Ziele zu realisieren. Um Ziele erreichen zu können, ist es entscheidend, dass sie in deinem Einflussbereich liegen. Ist dies nicht der Fall, musst du sie anpassen oder deinen Einflussbereich erweitern. Übrigens: »Ich lasse es mal auf mich zukommen« ist kein Ziel, sondern bedeutet Abhängigkeit von äußeren Umständen.

Zwischenziele sind geplante Erfolge

Je größer ein Ziel, umso länger dauert es, es zu erreichen. Zwischenziele sind eine Möglichkeit, in kleineren Schritten voranzukommen, zusätzliche Erfolgserlebnisse zu planen und damit länger motiviert zu bleiben. Einen Marathon zu laufen ist für eine Laufanfängerin ein gewaltiges Ziel, das viel Ausdauer braucht. Erstmal mit kürzeren Laufveranstaltungen zu beginnen und strukturierte Wochenpläne zu haben, führt zu kleineren Erfolgen, die gefeiert werden können. Zwischenziele sind die beste Möglichkeit, zufrieden voranzukommen.

Stärken nutzen, um Ziele zu erreichen

Die Wahrscheinlichkeit, deine konkreten Ziele erfolgreich umzusetzen, steigt, wenn du deine Stärken aktivierst. Plane regelmäßige Besuche in deinen vollen Scheunen ein, in denen du deine Stärken, Talente und Fähigkeiten gesammelt hast. Hier kannst du gezielt jene Ressourcen aktivieren, die du für jedes deiner Ziele brauchst.

EINFACH MACHEN! JEDER ERFOLG BEGINNT MIT EINEM ERSTEN SCHRITT

Die beste Richtung und die konkretesten Ziele bleiben unerreichbar, wenn du nicht den ersten Schritt setzt. Ohne Entscheidung zum Tun, ohne echtes Machen bleiben selbst gut geplante Ziele nur vage Ideen. Sie kommen aber nie in der Wirklichkeit an. Erst durchs Machen werden Träume und Ziele Realität. Die Einstellung *Einfach machen!* verleiht dir Dynamik, Mut und Umsetzungsstärke.

Erste Schritte schaffen ein Momentum

Erste Schritte bringen dich in die Gänge und damit voran. Wie ein Zug, der, sobald er fährt, immer mehr Vortrieb entwickelt. Auf den ersten Metern braucht er noch viel Antriebskraft und selbst kleine Hindernisse können ihn noch aufhalten. Doch sobald er Fahrt aufgenommen hat, wird er kraftvoller und läuft immer schneller aus sich selbst heraus. Nun kann ihn nichts mehr stoppen. Selbst große Hindernisse werden mit Leichtigkeit aus dem Weg geräumt und der Kurs gehalten. Unaufhaltsam geht es in Richtung deines Erfolgs.

Erste Schritte dürfen klein sein

Es kommt nicht darauf an, wie groß, gut oder beeindruckend der erste Schritt ist. Es geht vor allem darum, dass du überhaupt einen Schritt setzt. Auch wenn es nur ein Babyschritt ist, ist es ein Schritt. Eine erste gelernte Vokabel in der neuen Sprache, eine erste Themensammlung im neuen Projekt, eine erste Minute in einer neuen Sportart, ein einzelner Satz, der anders gesprochen oder gedacht wird, wenn es darum geht, konstruktiver mit dir oder anderen umzugehen. All das und die Verwirklichung jedes Traums und jedes Ziels beginnt mit einem ersten Schritt. Egal, wie klein er ist.

Erste Schritte geben Sicherheit

Erste Schritte sind keine große Sache. Sie sind einfach ein Herantasten, ein Ausprobieren, ein Kennenlernen des neuen Weges. Gerade weil sie noch keine große Wirkung haben, kannst du sie so einfach gehen. Niemand wird etwas bemerken außer dir selbst. Darum kannst du ganz einfach mit dem ersten Schritt beginnen. Wenn du schon in der Bewegung bist, folgen der zweite und der dritte unmittelbar nach.

Und dann beginnst du Sicherheit zu gewinnen. Sicherheit, dass der Weg der richtige ist. Sicherheit, dass die Schritte die richtigen sind. Sicherheit, dass du diesem Weg weiter folgen willst.

Erste Schritte sind der Beginn deines neuen Lebens

Erste Schritte sind – obwohl sie der Beginn deines neuen Lebens sind – einfach zu setzen. Sobald du deine Ziele festgelegt und das Vorgehen bestimmt hast, gilt es, nicht mehr lange zu zögern oder an dir selbst zu zweifeln. Nun heißt es vielmehr, Schritt für Schritt dein Leben nach deiner Façon zu gestalten und die beeindruckende Wirkung zu genießen, die kleine Schritte in weiterer Folge haben. Das macht erste Schritte zu einer großen Sache, auch wenn jeder einzelne von ihnen keine große Sache ist.

SELBSTVERTRAUEN. VERTRAUE DIR UND DEINEN GEFÜHLEN

Dein Leben ist gut ausgerichtet, deine Ziele sind gesetzt, die ersten Schritte getan und du bist im *Einfach-machen!*-Modus. Jetzt heißt es, dranzubleiben, indem du an dich glaubst und dir selbst, deinen Gefühlen und deiner inneren Stimme immer mehr vertraust. So wirst du zu deinem Antrieb und trägst dich weiter. Schritt für Schritt.

Verdien dir dein Vertrauen

Vertrauen entsteht, wenn Menschen freundlich, wertschätzend und gut miteinander umgehen, einander helfen und füreinander verlässlich sind. Je konsequenter diese Verhaltensweisen gezeigt werden, umso tiefer und stabiler wird das Vertrauen. Vertrauen ist also ein steter Prozess des achtsamen und liebevollen Umgangs und will verdient sein. Das gilt auch für das Selbstvertrauen. Dir selbst zu vertrauen, musst du dir genauso verdienen wie das Vertrauen in einer tiefen Freundschaft. Jede konstruktive Handlung, die du dir selbst schenkst, zahlt auf dein Selbstvertrauen ein. Zu wissen, dass du achtsam und liebevoll mit dir umgehst und gut für dich sorgst, gibt dir Sicherheit und Rückenwind. Je stärker du dir selbst vertraust, desto kraftvoller gehst du durchs Leben. Dann packst du Dinge einfach an, ohne dich zu sorgen, etwas nicht richtig zu machen, und genießt den Antrieb, der du selbst für dich bist. Dieses Selbstvertrauen ist ein zentraler Baustein deiner persönlichen Kraft. Du kannst es trainieren und ausbauen – am besten täglich mit den Top-5-Power-Aktivitäten:

- Aktiviere regelmäßig deine Stärken, Fähigkeiten und Erfolge aus deinen vollen Scheunen. Wenn du dir deine Ressourcen immer wieder bewusst machst, gelingen dir deine Vorhaben besser und leichter. Dies stärkt auch deine Überzeugung, zukünftige Aufgaben erfolgreich zu meistern. Du weißt: *Ich kann das.*
- Erledige wichtige Aufgaben gleich in der Früh. Da bist du ausgeschlafen, hast viel Energie und die persönliche Willensstärke ist dann am größten. So förderst du täglich das gute Gefühl: *Ich schaffe das.*
- Treibe Sport und bleib in Bewegung. So gewinnst du Kraft und Ausdauer und vermittelst dir durch deine Konsequenz: *Ich bleibe dran.*
- Nähre dich mit positiven Glaubenssätzen und Affirmationen, indem du dich wiederholt mit bestärkenden Botschaften versorgst. So wächst dein Vertrauen in dich, dass du es gut mit dir meinst. Du weißt: *Ich kann mich auf mich verlassen.*
- Geh immer achtsam und liebevoll mit dir um. Das ist eine der wichtigsten Voraussetzungen für dein stabiles Selbstvertrauen. So kannst du dir sicher sein: *Ich sorge gut für mich.*
- Mach dir Reflexionen und Ausrichtungen wie im Power-Effekt zur täglichen Routine. So erfährst du: *Ich achte auf mein selbstbestimmtes, gutes Leben.*

Glaub an dich

Der Glaube an dich selbst hat großen Einfluss auf dein Leben. Er gibt dir Kraft und bestärkt dich auf deinem Weg. Auch wenn du mit Hindernissen und Schwierigkeiten konfrontiert bist – wenn du an dich glaubst, weißt du, dass du dieser Situation gewachsen bist. So versorgst du dich mit Selbstvertrauen und erhöhst deine Erfolgswahrscheinlichkeit. Eine positive selbsterfüllende Prophezeiung entsteht und beweist dir: Es zahlt sich immer aus, dir selbst zu vertrauen. In diesem Sinne: Glaub an dich und du wirst über dich hinauswachsen.

Vertrau deinen Gefühlen

Wir haben ein gutes Sensorium für uns selbst und es lohnt sich, unserer inneren Stimme zu vertrauen. Sie greift auf die Gesamtheit unseres Erfahrungswissens und unsere emotionale Intelligenz zu. Diese innere Stimme spricht oft über unsere Gefühle zu uns und sendet uns Signale, Wichtiges wahrzunehmen.

Positive Gefühle bestärken uns und sagen: Mach mehr davon. Dieser Botschaft folgen wir meist intuitiv. Im Vergleich dazu erleben wir negative Gefühle oft als irritierend und neigen dazu, sie abzulehnen oder zu ignorieren. Das ist schade, denn auch negative Gefühle haben Wichtiges mitzuteilen. Trauer, Ärger oder Wut dienen als Stopp-Schild, das uns auffordert, innezuhalten und uns darauf zu besinnen, was uns wichtig ist und wofür wir einstehen sollen. So haben wir die Möglichkeit, wieder mit unseren Werten, Wünschen und Zielen in Einklang zu kommen.

Vertraue deinen Gefühlen – den positiven wie den negativen. Sie sind ein wichtiger Wegweiser auf deiner Reise.

 »HÖR DIR ZU – SPRICH MIT DIR«

Helga hat sich entschlossen, ihre Selbstständigkeit als Marketingstrategin voranzutreiben. Als Alleinerzieherin möchte sie die ersten Projekte parallel zum bestehenden Job aufbauen, um finanziell abgesichert zu sein. Im engen Zeitkorsett hat sie den Morgen für ihren Firmenaufbau reserviert. Ihre Kinder – elf und zwölf Jahre alt – erledigen ihr Frühstück eigenständig. Einige Wochen funktioniert Helgas neuer Rhythmus wunderbar. Doch dann beginnt sie sich energielos zu fühlen und ihre Arbeit am neuen Unternehmen bleibt liegen. Obwohl sich Helga aktiv bemüht, fühlt sie sich festgefahren und ihre Energielosigkeit steigt.

Im Mentoring entscheiden wir uns für die Coaching-Technik *Im Gespräch mit deinen Gefühlen*, in der jene Gefühle, die sich in einer Sache bemerkbar machen, zu Wort kommen. In Helgas Fall das schlechte Gewissen und die Unzufriedenheit.

Die »Unzufriedenheit« äußerte sich rasch und präzise: Sie möchte Helgas Selbstständigkeit voranbringen und ist unzufrieden damit, dass so wenig vorangeht.

Vom »schlechten Gewissen« erfuhr Helga, dass ihr die Frühstücksgespräche mit ihren Kindern fehlen. Sie fand dies zunächst unlogisch, da es in den Gesprächen meist nur um banale Dinge wie geplante Aktivitäten des Tages handelte, die sie ohnehin am Abend erfuhr. Oft herrschte auch nur verschlafene Stille. Auf die Frage, was diese scheinbar belanglosen Gespräche in ihrer Regelmäßigkeit bewirken, wurde schnell klar, dass es um die Zusammengehörigkeit und Vertrautheit miteinander geht. Helga verstand, dass ihr schlechtes Gewissen versuchte, sie darauf hinzuweisen, die innige Beziehung mit ihren Kindern zu pflegen.

Als die sogenannte »gute Absicht« der beiden Gefühle auf dem Tisch lag, fiel es Helga leicht, einen Kompromiss zu finden. Sie berücksichtigte beide Werte – sowohl die Zugehörigkeit als auch die finanzielle Unabhängigkeit. Die Lösung war simpel: Helga entschied sich für einen Zwei-Tages-Rhythmus, sie widmete abwechselnd ihren Kindern und ihrem Unternehmen Zeit. Das verringerte zwar das Tempo der Selbstständigkeit, gleichzeitig brachte es aber Helgas Lebensbereiche Familie und Selbstständigkeit wieder in Balance.

Kultiviere deinen inneren Dialog

Das Beispiel von Helga zeigt, dass auch vermeintlich negative Gefühle ein wichtiger Fingerzeig sind, der oft zu noch besseren Lösungen führt. Gib deinen Gefühlen genug Raum und Aufmerksamkeit – den erfreulichen genauso wie den irritierenden. Vertrau ihnen, denn sie wollen Gutes für dich bewirken.

Zuhören, Hinspüren und Nachfragen sind – ergänzend zu Wertschätzen, Unterstützen, Ermutigen und Bestärken – wichtige Techniken für den vertrauensvollen Austausch mit dir selbst. Mit ihnen kannst du Botschaften deines inneren Erlebens präzisieren, neue Informationen gewinnen, Einsichten in scheinbare Widersprüche erlangen und zielorientiert nachjustieren. Das braucht zu Beginn ein bisschen Übung. Deine wachsende Reflexionsfähigkeit und ein konsequent liebevoller innerer Dialog helfen dir dabei. Je besser du dich kennenlernst, desto größer wird dein Zutrauen in deine Gefühle und die Botschaften aus deinem Inneren. Die Freundschaft mit dir selbst gewinnt an Vertrauen und wird immer tiefer. So kann sich dein Selbstvertrauen weiter entfalten und du stehst auf stabilen Beinen im Leben.

SELBSTVERANTWORTUNG. SEI DIE CHEFIN DEINES LEBENS

Der vierte Baustein der *Pyramide der Kraft* ist deine Selbstverantwortung. Sie bezieht sich auf deine Gedanken, Handlungen und Entscheidungen ebenso wie auf deinen Selbstwert, deine Gesundheit, dein Beziehungsglück und dein Leben insgesamt. Bist du bereit, die Verantwortung für dich selbst zu übernehmen, wächst deine Gestaltungsmacht und du wirst zur Chefin deines Lebens.

Chefin deiner Gedanken

Die Verantwortung für unser Denken zu übernehmen ist deshalb so wichtig, weil der Großteil unserer Gedanken unbewusst und automatisch abläuft. Das kann dazu führen, dass wir das Gefühl haben, unsere Gedanken nicht beeinflussen zu können. Das Gegenteil ist jedoch der Fall. Wenn wir lernen, unsere Gedanken, Glaubenssätze, Einstellungen und mentale Modelle in unserem Sinne zu formen, werden sie zu Helferinnen, unsere Träume zu realisieren und unsere Erfolge einzufahren.

Denke wachstumsorientiert. Lebe deine Entwicklung

Entscheidend für das, was wir im Leben erreichen können, ist die Art, wie wir über Ziele, Erfolge und uns selbst denken. Psychologin Carol Dweck empfiehlt, das sogenannte wachstumsorientierte Denken zu trainieren.
In diesem Denken gehen wir davon aus, dass wir unser Leben gestalten und aktiv lernen können. Wir sehen Chancen und fördern unsere Weiterentwicklung.
Es ist wichtig zu wissen, dass jede von uns sowohl wachstumsorientiertes als auch statisches Denken in sich trägt und zwischen beiden Systemen wechseln kann. Mit dem Wort »noch« kannst du dein wachstumsorientiertes Denken fördern. »Ich kann es noch nicht« macht im Vergleich zu »Ich kann es nicht« den Unterschied, ob du in einen Lernzyklus einsteigst oder nicht. Die Kombination mit lösungsorientierten Fragen wie »Was brauche ich, um es zu erlernen?« verstärken diesen Effekt.
Entscheide dich für ein wachstumsorientiertes Denken in Chancen und Möglichkeiten. Mit diesem Fokus übernimmst du die Verantwortung, deine Entwicklung aktiv voranzutreiben.

Denke handlungsfähig. Lebe selbstbestimmt

Genauso, wie wir zwei unterschiedliche Arten zu Denken haben, wechseln wir auch zwischen aktiven und passiven inneren Zuständen. Im passiven inneren Zustand haben wir das Gefühl, dass uns das Leben »passiert« – als wären wir Passagierinnen in einem Zug.

Im aktiven inneren Zustand erleben wir uns als gestaltungsmächtig und umsetzungsstark. Wir entwickeln Lösungen und sind in einem Modus, der auf Zielerreichung gepolt ist. So haben wir das Steuer in der Hand.

Aufgrund von Enttäuschungen, abwertenden Aussagen oder Versagensängsten kann es passieren, dass wir in den passiven inneren Zustand rutschen. Er wird begleitet von Aussagen wie »Da kann ich nichts machen« oder »Es gibt keinen Ausweg«. Der Nachteil des passiven Zustands ist, dass wir in ihm kaum Motivation verspüren, Lösungen zu finden und unser Leben zu gestalten. Denk dich daher handlungsfähig, indem du so rasch wie möglich in deinen aktiven Zustand zurückkehrst. Entwickle Strategien, die dir dabei helfen. Auf diese Weise gestaltest du mit Zielen und Lösungen dein selbstbestimmtes Leben.

Buchbonus:
Fördere deine Selbstverantwortung

Nutze diese Reflexion, um dir bewusst zu machen, was deinen aktiven inneren Zustand fördert, an welchen Stellen oder Momenten du ihn verlierst, und entwickle Strategien sowie deine ganz persönliche Erfolgsformel, um in deiner Selbstverantwortung zu bleiben bzw. notfalls wieder zügig in deinen aktiven Zustand zurückzukehren.

Denk in hilfreichen Sätzen. Lebe achtsam mit dir

Wir haben zahlreiche, meist unbewusste Überzeugungen – sogenannte Glaubenssätze – über uns selbst, über andere Menschen und über die Welt. Sie beeinflussen unser Denken, Fühlen und Handeln, indem sie uns unbemerkt mit Gedanken und Erfahrungen aus unserer Vergangenheit speisen. Dabei können sie unterstützend oder hinderlich für unsere Entwicklung sein. Daher ist es so wichtig, sich der eigenen Glaubenssätze in den wesentlichen Lebensthemen bewusst zu sein und die Verantwortung für diese Glaubenssätze zu übernehmen.

Überprüfe deine Glaubenssätze, die in Verbindung mit deinen Träumen und Zielen stehen. Halte sie fest und sortiere sie in zwei Gruppen: hilfreiche, unterstützende und hinderliche, blockierende.

Unterstützende Glaubenssätze kannst du aktiv einsetzen, indem du öfter an sie denkst und sie in deinem Sichtfeld behältst. Hinderliche Glaubenssätze kannst du verändern, indem du sie mit »Stimmt das?« oder »Wer sagt das?« hinterfragst und gegebenenfalls überschreibst. Überlege dir dafür eine Formulierung, die dich besser in deiner Zielerreichung unterstützt, und sprich diesen neuen Satz mehrfach täglich über drei bis vier Monate laut aus. Diese sogenannten Affirmationen helfen dir, neue Glaubenssätze zu verankern.

Beispiele für Glaubenssätze und überschreibende Affirmationen

Wer bin ich schon?	Ich bin wichtig. Ich bin einzigartig.
Ich bin nicht klug genug.	Ich kann lernen.
Für mich ist nie Zeit.	Ich lege Zeiträume für mein gutes Leben fest.
Geld macht nicht glücklich.	Geld gibt mir Freiheit.
Schuster, bleib bei deinem Leisten.	Ich lebe mein Leben. Meine Vielfalt ist mein Kapital.

Buchbonus:
Hilfreiche Glaubenssätze und Affirmationen
Lass dich von hilfreichen Glaubenssätzen und Affirmationen inspirieren, die ich in meiner Coaching-Praxis gesammelt habe.

Achte auf Selbstliebe. Lebe liebevoll mit dir

Achtsamkeit, Wertschätzung und freundlicher Umgang mit uns selbst sind die Grundlagen, um aufrecht im Leben zu stehen und langfristig kraftvoll zu bleiben. Selbstliebe bedeutet, in einer Art und Weise an deiner Entwicklung zu arbeiten, die wertschätzend, bestärkend, freundlich und aufbauend ist. Im Female Mentoring bin ich immer wieder persönlich betroffen, wie kritisch sich Frauen oft betrachten und wie harsch der Ton sich selbst gegenüber ist. Gedanken wie ein aggressives »Nie kannst du etwas beim ersten Mal schaffen!«, ein beschuldigendes »So wie du das angehst, kann das ja nur schiefgehen!« oder ein zynisches »Das hast du ja wieder ganz besonders schlau angestellt!« kommen vor.

Das zu hören tut mir weh, denn mit unseren Gedanken nähren wir unser Selbstbild und stellen uns damit vor uns selbst schlecht dar. So fällt es schwer, zielorientiert und kraftvoll zu agieren. Auf die Frage »Würdest du so mit einem dir anvertrauten Kind sprechen?« reagieren die Betroffenen zumeist mit Entrüstung – bemerken aber auch, wie unpassend diese Art von Dialog mit sich selbst ist.

Lerne also, die Verantwortung zu übernehmen, dich selbst freundlich und konstruktiv zu behandeln, dich zu bestärken und dir Mut zuzusprechen. »Lebe liebevoll mit dir« ist das Credo, das für den Umgang mit dir selbst gilt. So bist du dir selbst eine angenehme Chefin deines Lebens.

Chefin deines Handelns

Die Verantwortung für deine Gedanken, Glaubenssätze und inneren Zustände geht Hand in Hand mit der Verantwortung für deine Handlungen. Um die Selbstverantwortung für deine Handlungen von ganzem Herzen zu übernehmen, ist es mir wichtig, dir noch ein paar Gedanken mitzugeben:

Du bist verantwortlich, zu beginnen
Selbstverantwortliches Handeln gelingt, wenn du es dir zur Gewohnheit machst, die Verantwortung für den ersten Schritt zu übernehmen, wie du es in der *Pyramide der Kraft* im Baustein *Einfach machen!* kennengelernt hast. Halte aktiv Ausschau nach Möglichkeiten zu beginnen. Fang einfach an. Trau dich immer wieder, neue erste Schritte zu gehen. Erste Schritte sind der Lifehack, der es dir einfach macht, dein Leben proaktiv zu gestalten. Wenn du dich regelmäßig im Freien bewegen willst – zieh dich an und geh raus. Auch wenn es nur für zwei Minuten ist. Sobald du draußen bist, möchtest du ohnehin aktiv bleiben. Wenn du eine Sprache lernen willst, fang mit einer Vokabel an – und starte jeden Tag mit einer weiteren. Es werden Hunderte folgen. Nimm es in deine Verantwortung zu beginnen. Immer wieder.

Du bist auch verantwortlich für das, was du nicht tust
Selbstverantwortliches Handeln bedeutet auch, die Verantwortung für dein Nicht-Handeln – inklusive Nicht-Entscheiden – zu übernehmen. Es ist wichtig anzuerkennen, dass du auch für dein passives Verhalten, für das Verstreichenlassen von Chancen und für das Verharren in einem unangenehmen Leben verantwortlich bist.
»Andere lassen mich nicht« oder »Ich hab's ja versucht« sind Ausreden, die es vielleicht für dich selbst legitimieren, nicht ins Tun zu kommen oder es bei einer einzigen versuchten Durchsetzungsstrategie zu belassen. Sie bringen dich aber nicht weiter. Bleib in deiner Selbstverantwortung und gib dir und deinen Träumen mehr Wert, mehr Chancen und mehr kluge Handlungen! Glaub mir, in nahezu allen Fällen gibt es noch viele weitere Möglichkeiten, für deine Ziele und Interessen einzustehen.
Ja, es ist oft anstrengend.
Ja, du musst mehrere Handlungsoptionen entwickeln.
Ja, du musst vielleicht auch neue Verhaltensweisen üben.
Ja, du musst dann auch manche Hindernisse überwinden.
Und ja: Es zahlt sich aus. Für dich und dein gutes Leben.

Bring dich also immer wieder in deinen inneren, aktiven Zustand, überlege dir, was du noch tun kannst, um weiterzukommen, und setz den nächsten Schritt. Denk auch daran, dir Unterstützung zu holen, wenn du sie brauchst. Auch das liegt in deiner Verantwortung.
Ich kann gar nicht genug betonen, wie wichtig diese Selbstverantwortung für das Nicht-Handeln ist, denn Nicht-Handeln lässt sich so leicht übersehen. Manchmal tarnt sich diese mangelnde Selbstverantwortung darin, dass wir Chancen nicht bemerken, zu lange warten oder zu bequem sind. Selbstverantwortung für dein gutes Leben zu übernehmen, heißt also auch: aufmerksam und achtsam zu sein, Chancen zu erkennen und zu nutzen, den richtigen Zeitpunkt wahrzunehmen, in die Gänge zu kommen und an deinen Erfolgsstrategien dranzubleiben.

Du bist verantwortlich für die Auswirkungen deines Handelns
Jedes Handeln – wie auch jedes Nicht-Handeln – hat eine Auswirkung, die ebenfalls in deiner Verantwortung liegt. Diese Wirkung kann erfreulich, aber auch negativ sein. Letztere kann manchmal Angst machen – und das zu Recht, denn jede Handlung kann sich in ihrer Konsequenz auch als nicht richtig oder unangenehm für dich erweisen. Denk daher – am besten so früh wie möglich – über die potenziellen Auswirkungen deiner Handlungen nach. Dann kannst du dich besser auf sie vorbereiten und festlegen, wie du in der konkreten Situation mit ihnen umgehen wirst. Damit hast du die Möglichkeit, abzuwägen, deine Ziele anzupassen, Menschen, die von den Konsequenzen deiner Handlungen betroffen sind, frühzeitig zu informieren oder dich schon vorab bei ihnen zu entschuldigen. Nimm also die Verantwortung für dein Handeln, dein Nicht-Handeln und die daraus folgenden Konsequenzen aktiv an.

Ratschläge entbinden dich nicht von deiner Verantwortung
Wenn wir nicht sicher sind, was oder ob wir etwas tun sollen, fragen wir oft andere um Rat. Oder wir entscheiden auf dieselbe Weise, wie unsere Eltern oder andere Vorbilder entschieden haben.
Von wem auch immer du einen Rat erbittest und was du schlussendlich mit ihm tust, liegt in deiner Verantwortung. Und zwar nur deiner. Selbstverantwortung bedeutet, für dich zu entscheiden. Dazu gehört auch, Ratschläge anzunehmen oder vorbeiziehen zu lassen. In beiden Fällen führt dies zu Konsequenzen, für die wiederum du verantwortlich bist.
Klingt anstrengend? Ist es auch manchmal. Und doch ist dies der Weg, dein Leben in die Hand zu nehmen. Und das kann wiederum richtig schön und erfüllend sein.

Chefin deiner guten Energie

Guter Kraftstoff lässt Maschinen rundlaufen. Sie bringen dann höhere Leistung und sind langlebiger. Für uns Menschen gilt das Gleiche. Körper und Geist dienen dir in besserer Weise, wenn du sie regelmäßig mit guter Energie versorgst. Dann tragen sie dich voller Dynamik durchs Leben und helfen dir, kraftvoll mit Hindernissen umzugehen. Die Verantwortung für deinen Energiehaushalt zu übernehmen, ist damit ein weiterer Baustein deiner Selbstverantwortung. Sorge täglich dafür, deine körperlichen und mentalen Energiespeicher aufzufüllen, achte auf ein gutes Umfeld und einen stabilen finanziellen Rückhalt. Das gibt dir die Kraft, die du brauchst, um dein selbstbestimmtes Leben tagtäglich zu verteidigen.

Gute Energie für deinen Geist
Sei besonders achtsam, welche Inhalte du deinem Geist und deiner Seele zuführst und mit welchen Tätigkeiten du deine Zeit verbringst. Womit wir uns geistig füttern, hat direkte Auswirkungen auf unser Denken.
Routinen wie regelmäßiges Lesen, Reflektieren und Meditieren sorgen ebenso für gute Energie wie positive Gedanken, Dankbarkeit und der Kontakt mit konstruktiven Menschen. Umgekehrt nimmt die Auseinandersetzung mit negativen Inhalten, die auf Stereotype, Vergleiche von Oberflächlichkeiten, Ausgrenzung, Zynismus und Sarkasmus aufbauen, Energie und Lebensfreude. Sie führen – so der Neurobiologe Bernd Hufnagl – zu Stress und anderen negativen Emotionen. Übermäßiges Fernsehen und der Konsum von Social-Media-Content tun leider das Gleiche. Der Neurowissenschaftler Manfred Spitzer hat in seinen Untersuchungen über positive und negative Einflüsse auf unsere Gehirnentwicklung herausgefunden, dass Bildung, Bewegung, Kreativität, Geborgenheit, Gemeinschaft und aktives Geben die Entwicklung unseres Gehirns bis ins hohe Alter fördern. Stress, Multitasking, intensive Online-Zeiten und Computerspiele führen hingegen dazu, dass die Gehirnentwicklung abnimmt.
Versorge dich daher regelmäßig mit guter geistiger Energie und halte dich an das Motto Good Vibes only. Verzichte so weit wie möglich auf geistige Inhalte, die dir keinen Mehrwert bringen. Ein guter Gradmesser ist, wie du dich während und nach der Beschäftigung mit solchen Inhalten fühlst. Geht es dir danach besser? Fühlst du dich energiegeladener? Bist du zufriedener? Oder ist das Gegenteil der Fall und du fühlst dich müde, kraftlos, unausgeglichen, leer oder traurig? Stell dir diese Fragen unbedingt bei geistigen Aktivitäten, die du häufig ausführst.

Du kannst außerdem auf deinen Energiehaushalt achten, indem du dich fragst, welche Energie nach der Begegnung mit bestimmten Menschen oder nach einem Aufenthalt in gewissen Räumen zurückbleibt. Gehst du gestärkt aus einem Gespräch? Lädt dich ein Raum mit Kraft auf? Oder fühlst du dich ausgelaugt und energielos nach einem Austausch mit einer Person oder einem Aufenthalt an einem bestimmten Ort? Schenke dir so oft wie möglich gute Energie und wäge ab, mit wem du dich umgibst, womit und wo du deine Zeit verbringst.

Gute Energie für deinen Körper
Achte auch in Bezug auf deinen Körper darauf, was dir Kraft und Energie gibt. Bist du morgens ausgeschlafen? Hält deine Energie über den Tag an? Nährt dich dein Essen oder bist du davon vollgestopft oder fühlst dich wie erschlagen? Hast du eine gute Körperspannung, die dich dynamisch durch dein Leben gehen lässt? Diese und weitere Beobachtungsfragen helfen dir, das Feedback deines Körpers zu verstehen.
Generell kannst du positive körperliche Energie aufbauen, indem du regelmäßig und ausreichend schläfst, eine pflanzenreiche, mediterrane Kost mit Bio-Produkten zu dir nimmst und industrialisierte Fertigprodukte sowie salz- und zuckerhältige Lebensmittel meidest. Tägliche Bewegung oder Sport an der frischen Luft stärken dich ebenso wie Phasen des Verzichts mittels Intervallfasten.
Wenn du tiefer in das Thema gute Energie für Körper und Geist eintauchen willst, lege ich dir das Buch »Der Jungbrunnen-Effekt« ans Herz, das ich gemeinsam mit P. A. Straubinger und Margit Fensl geschrieben habe.
Nähre deinen Körper, höre auf seine Botschaften und kümmere dich jeden Tag um ihn. Er trägt dich durchs Leben und ist dein Zuhause. Sorge dafür, dass du gern in diesem Haus wohnst.

Gute finanzielle Energie für dein Leben
Ein stabiler finanzieller Hintergrund ist eine wichtige Grundlage, um deine Träume und Ziele aus einer Position der Sicherheit zu verfolgen. Dafür ist es nötig, finanzielle Kompetenzen zu haben bzw. diese aufzubauen. Leider haben diese nicht alle in ihrer Ausbildung erworben und der Nachholbedarf in der sogenannten Financial Literacy, der finanziellen Bildung, ist groß. Wirtschaftliche Kompetenzen wie Vermögensaufbau und -verwaltung, Liquiditätsplanung, der Umgang mit unterschiedlichen Erwerbsmodellen sowie eine geregelte Altersvorsorge müssen wir uns jedenfalls für eine starke finanzielle Basis aneignen.

Mit Blick auf Themen wie Gender Pay Gap und Gender Pension Gap lege ich dir dringend ans Herz, deine finanzielle Bildung und deine Finanzplanung aktiv in die Hand zu nehmen und dich mit guter finanzieller Energie zu versorgen. Es ist wichtig, dass du deinen aktuellen und zukünftigen Finanzbedarf kennst und weißt, wie du ihn decken kannst. Dazu gehört auch, für deinen finanziellen Anteil einzustehen.

Chefin deines Selbstwertes

Unser Selbstwert ist nicht gottgegeben, sondern steigt oder sinkt mit den Botschaften, mit denen wir konfrontiert werden. Für viele Frauen ist das Thema Selbstwert herausfordernd. Einerseits weil Mädchen leider immer noch so erzogen werden, dass sie tendenziell weniger Selbstwert als Jungen ausbilden. Darüber hinaus wird der Selbstwert von Frauen schon früh durch äußere Erscheinungsmerkmale definiert: Das Mädchen im hübschen Kleid ist ein ganz besonderes Mädchen. Je öfter Mädchen und Frauen überwiegend Rückmeldung auf ihr Äußeres und ihr »Süß-Sein« erhalten, umso mehr lernen sie, ihren Selbstwert an die äußere Erscheinung zu koppeln und tappen dann in die Falle, sich mit den unerreichbaren Rolemodels zu identifizieren, die in Werbung und Medien kommuniziert werden.

Die australische Body-Positivity-Verfechterin Taryn Brumfitt bringt in ihrem Dokumentarfilm »Embrace – Du bist schön« einige dieser Fakten eindrücklich auf den Punkt: 91 Prozent aller deutschen Frauen sind mit ihrem Körper unzufrieden, 45 Prozent aller Frauen mit gesundem Gewicht denken, sie wären übergewichtig, 90 Prozent aller Bulimie-/Magersucht-Fälle betreffen Frauen. Diese Zahlen haben sich einige Jahre nach der Erscheinung von »Embrace« kaum verändert. Das zeigt sich auch in einem weiteren dramatischen Trend: den Schönheitsoperationen. Gemäß Statista.de werden 88,3 Prozent der aktuell 30 Millionen Schönheitsoperationen von Frauen in Anspruch genommen. Mich schockieren diese Zahlen ebenso wie die Tatsache, dass Frauen bereit sind, ein gesundheitliches Risiko, Schmerzen und im schlimmsten Fall körperliche Schäden in Kauf zu nehmen, nur weil ihr Selbstwert nicht ausreichend genährt ist.

Vielleicht können wir beitragen, dass sich der Fokus auf Schönheit wandelt und Frauen einfach aus sich heraus wirken können, indem sie aufrecht im Leben stehen und das innere Strahlen tragen, das mit der Verwirklichung des eigenen Lebens einhergeht. Frauen brauchen keine Schönheits-OPs. Frauen brauchen Selbstliebe, Selbstwert und damit Selbstsicherheit. Dafür dürfen, sollen und müssen wir selbst die Verantwortung übernehmen.

Als Chefin deines Lebens bestimmst du deinen Selbstwert. Nähre dich täglich mit liebevollen Botschaften über dich, setze dich keinen unrealistischen Model-Bildern aus und baue deinen Selbstwert immer weiter aus, indem du deine vollen Scheunen pflegst und dich rundum mit guter Energie versorgst. Du bist wertvoll, liebenswert und richtig. Nimm es in deine Verantwortung, das zu wissen.

Dein Leben – deine Entscheidung

Die Selbstverantwortung steht an der Spitze der *Pyramide der Kraft*, weil sie dir enormen Vortrieb verleiht. Mit ihr übernimmst du die volle Verantwortung und entscheidest für dich und dein Leben. Kombiniert mit deinen konkreten Zielen, deiner *Einfach-machen!*-Haltung und wachsendem Vertrauen in dich selbst kannst du in dein neues Leben abheben. Du hast die Kraft – jetzt mach was Gutes draus.

Step 5: Abheben.
Dein neuer Alltag gelingt

Wirksame Routinen sind der Turbo für dein gutes Leben. Mit automatisierten Schritten tragen sie dich in deinen Erfolg. Lerne, deine Erfolgsgewohnheiten zu pflegen, für deine Anliegen sichtbar zu sein und auch bei Gegenwind für dich einzustehen. So hebst du dich mit dem Kraftrad hilfreicher Routinen *in deinen neuen Alltag.*

Das Ankommen in deinem selbstbestimmten Leben ist der Beginn eines neuen, qualitätsvollen Alltags. Damit dieser neue Alltag auch langfristig gelingt, braucht es wirksame Routinen, die zum Turbo deines guten Lebens werden.
Um nun aus deinen ersten *Einfach-machen!*-Schritten eine neue, automatisierte Gewohnheit zu entwickeln, hilft dir das *Kraftrad hilfreicher Routinen*. Es unterstützt dich, diszipliniert die für dein Leben förderlichen Routinen festzulegen, einzubetten und auszuführen.
Mit dem Kraftrad werden deine Routinen zu Automatismen, die deinen Alltag vereinfachen. Du musst dich dann nicht mehr bewusst um sie kümmern, sondern deine Routinen machen die Arbeit und führen dich scheinbar von selbst in dein gutes Leben.

ROUTINEN FESTLEGEN.
DEIN NEUER ALLTAG NIMMT GESTALT AN

Mach deine Vorhaben alltagstauglich, indem du die Routinen festlegst, die dein Leben prägen sollen. Ein gelungenes Leben entsteht nicht an einem Tag, nicht in einem Schritt, nicht mit einer Aktion. Es geht darum, was du in welcher Qualität und wie oft tust. Wie ein paar Steine den Lauf der größten Flüsse ändern können, können kleine Schritte – konsequent ausgeführt – dein gesamtes Leben prägen.

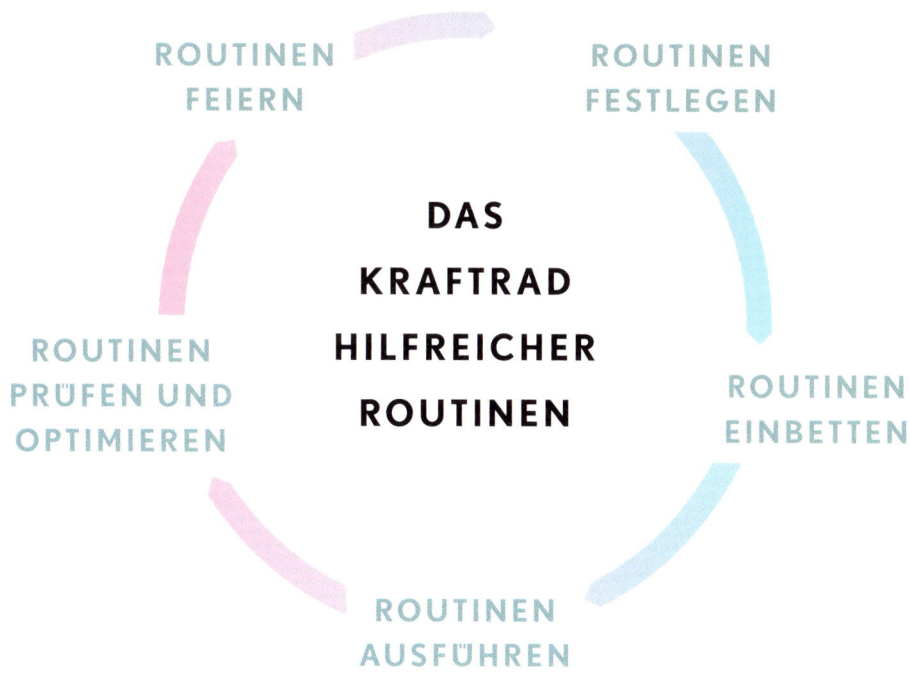

Routinen, die sich lohnen

Achte bei der Auswahl deiner Routinen darauf, dass sie dir Kraft und Energie geben und gleichzeitig deine Prioritäten berücksichtigen:

- Etabliere Routinen in all deinen wichtigen Lebensbereichen, die du in Step 3 erarbeitet hast. So kannst du dich darauf verlassen, dass du in allen Bereichen, die dir wichtig sind, Schritt für Schritt vorankommst.
- Konzentriere dich auf Routinen, die dir positive Gefühle und gute Energie verleihen. Sie helfen dir, deine Stärken und Ressourcen zu aktivieren und motiviert zu bleiben.
- Finde Routinen, die dir helfen, Stress zu reduzieren. So fühlst du dich sicher und kannst fordernde Situationen souverän bewältigen.

Lege deine neuen Gewohnheiten fest und definiere möglichst konkret, wie sie sein werden. Was genau wirst du wann tun? Am besten hältst du deine Notizen im *Strauß der erfüllten Lebensbereiche* (→ S. 79) fest. So schaffst du dir einen guten Überblick, ob du in allen Lebensbereichen auf die Umsetzung deiner Ziele achtest.

ROUTINEN EINBETTEN.
KLUG GEPLANT UND WEISE UMGESETZT

Mit deinen Routinen entlastest du deinen Geist und automatisierst damit deinen Power-Effekt. Plane mit den folgenden Strategien hilfreiche Routinen in deinen Alltag ein.

Deinen neuen Tagesablauf planen

Mit neuen Gewohnheiten ändert sich dein Tagesablauf. Dies will geplant und abgesichert sein. Wenn du einfach zusätzliche Routinen in dein Leben packst, ist die Gefahr groß, dass ein Vorhaben scheitert, weil du keine oder nicht genügend Zeitressourcen dafür hast. Es gilt also, deine Routinen sehr präzise zu verankern. Ergänze diese Detailplanung in deinen Notizen: Wie genau sieht dein neuer Tagesablauf aus? Denke dabei auch daran, wichtige Routinen in den frühen Stunden des Tages einzuplanen, wenn unsere Willenskraft am höchsten ist.

Loslassen und ersetzen

Routinen machen dich effizienter. Du sparst Zeit, weil du über das, was zu tun ist, nicht mehr nachdenken musst. Gleichzeitig bedeuten neue Gewohnheiten auch, dass du dafür etwas anderes loslassen musst, um dich nicht zu überfordern und neue Gewohnheiten wieder über Bord zu werfen. Am besten ersetzt du beim Einbetten neuer Routinen gleich die wenig hilfreichen Gewohnheiten wie zum Beispiel Fernsehen oder Social-Media-Konsum.
Ergänze in deinen Notizen: Was wirst du weglassen, reduzieren oder verschieben, um Platz für deine neuen Routinen zu schaffen?

Entscheidung zur Selbstverpflichtung

Du weißt nun, welche neuen Gewohnheiten du pflegen und welche du weglassen wirst. Sobald du deine Routinen festgelegt hast, triff die Entscheidung: »Das mache ich. Ab jetzt!« Dieses Versprechen an dich selbst ist ein wichtiger Baustein, der dir hilft, dranzubleiben.

Buchbonus:
In drei Schritten zu deiner Erfolgsroutine
Hier findest du eine Anleitung, hilfreiche Routinen festzulegen, unliebsame Gewohnheiten zu verabschieden und deine neuen Erfolgsroutinen zu entwickeln.

ROUTINEN AUSFÜHREN.
DIE BESTEN ROUTINEHACKS FÜR DEINEN ALLTAG

Nun geht es um die Ausführung – jetzt heißt es dranbleiben. Routinen sind vor allem deshalb so hilfreich, weil sie automatisiert ablaufen. Damit sie das tun, müssen sie über einen gewissen Zeitraum konsequent ausgeführt werden. Du musst einer Routine also Zeit geben, dir zu helfen. Dies gelingt am besten mit der Devise: *Immer* machen! – also Wiederholung, Wiederholung, Wiederholung.

Bleib vor allem am Anfang dran

Untersuchungen der Psychologin Philippa Lally zeigen, dass wir rund drei Monate benötigen, um eine Routine zu automatisieren. Achte daher besonders in diesem Zeitraum darauf, deine Routine jeden Tag zu aktivieren. So kann es dir nicht passieren, dass du auf deine neuen Gewohnheiten wieder vergisst.

Die passende Methode finden

Experimentiere und finde heraus, was dir am besten hilft, deine Routine wirklich immer auszuführen. Für viele ist ein Kalendereintrag hilfreich. Andere finden es angenehmer, ihr Vorhaben mit einer Freundin oder Kollegin zu besprechen und durch aufmunternde Worte und den sozialen Druck am Ball zu bleiben.
Jede Methode ist gleich legitim. Es zählt, was dir hilft. Probier einfach viel aus und bleib bei der Methode, die dich voranbringt. Immer mit der Gewissheit: Je öfter und regelmäßiger du deine Handlung setzt, umso stabiler wird deine Routine – und umso automatischer dient sie dir bei der Realisierung deines guten Lebens.

Immer heißt immer

Routinen ziehen ihre Kraft aus der regelmäßigen Wiederholung. Die Routinenforschung hat gezeigt, dass die Wahrscheinlichkeit, an einer Gewohnheit dranzubleiben, um fünf Prozent sinkt, wenn eine Routine einmal ausgelassen wird. Beim zweiten Mal sinkt sie gleich um 40 Prozent. Je öfter du eine Routine auslässt, umso wahrscheinlicher wird es, dass du sie bald wieder vergisst.

Lege deine guten Gewohnheiten daher als unverhandelbar für dich fest und führe wichtige Gewohnheiten immer aus.

Lege deine »kleinste Einheit« fest

Eine Routine konsequent umzusetzen ist wichtiger, als sie perfekt oder in ihrer ganzen Intensität auszuführen. Um wirklich keine Wiederholung auszulassen, lohnt es sich, eine »kleinste Einheit« festzulegen. Das ist das Minimum, das für dich immer möglich sein wird. Du reduzierst dafür die Intensität deiner Routine, bleibst aber kompromisslos in der Wiederholung. Das kann beispielsweise eine dreiminütige Yogasequenz als kleinste Einheit sein, die du – auch wenn du mal keine Zeit für deine längere Sporteinheit hast – unverhandelbar an jedem Morgen ausführst. So schaffst du es, konsequent zu bleiben, ohne dir selbst unnötigen Druck zu machen.

Nutze die »Illusion der Freiwilligkeit«

Verschiebe die Entscheidung, ob du einer Routine nachgehen willst oder nicht, auf einen späteren Zeitpunkt. Und zwar auf einen Zeitpunkt, du die Routine schon gestartet hast. Wie das geht? Ich wäge zum Beispiel nicht ab, ob ich morgens Sport mache oder nicht, sondern habe als unverhandelbare Routine mit mir vereinbart, dass ich in der Früh meine Sportschuhe anziehe und vor die Tür gehe. Erst dann entscheide ich, ob ich laufen oder doch wieder retour ins Bett gehe. Tatsächlich habe ich noch kein einziges Mal umgedreht. So locke ich mich täglich mit der »Illusion der Freiwilligkeit« in eine Routine, die ich als wichtig für meine langfristige Gesundheit und Fitness definiert habe.

Selbstdisziplin und Willenskraft sind deine Freundinnen

Selbstdisziplin klingt etwas unsexy, ich weiß. Trotzdem: Selbstdisziplin ist – mehr als Intelligenz – die Persönlichkeitseigenschaft, die am stärksten zu unserem Erfolg, Wohlbefinden und Glück beiträgt. Sie bringt die PS all unserer Stärken auf den Boden und hat entscheidenden Einfluss auf das langfristige Erreichen unserer Ziele.
Routinen, Selbstdisziplin und Willenskraft bedingen einander. Gute Routinen fördern Selbstdisziplin und Willenskraft, die uns wiederum helfen, an den guten Routinen dranzubleiben. So unterstützen die drei einander. Wie gute Freundinnen.

Denk an die langfristige Belohnung

Es ist nicht der eine Anruf, der eine Freundschaft ausmacht. Es sind die vielen kleinen wie großen Beiträge, die dazu führen, dass wir tiefgehende Beziehungen bauen. In Freundschaften, in Liebesbeziehungen und im Berufsleben.
Gleiches gilt für das Erreichen unserer Lebensziele. Einzelne, kleine Einheiten scheinen manchmal wenig wirkungsvoll, führen in Summe aber dazu, dass unsere Wünsche Wirklichkeit werden. Ruf dir ins Gedächtnis, woran du mit den vielen kleinen Handlungen baust: am Vertrauen in deine Freundschaft, an der kraftvollen Dynamik deines Körpers oder an der Erfüllung deiner Lebensziele. Dieser Blick auf die langfristige Belohnung motiviert und bestärkt: »Dafür bleib ich gerne dran.«

Buchbonus:
Top 10 Lifehacks für mehr Selbstdisziplin und Willensstärke
Lass dich von meinen Top 10 Lifehacks motivieren, mehr Selbstdisziplin und Willensstärke mit Leichtigkeit in dein Leben zu integrieren.

ROUTINEN PRÜFEN. DEINE ERFOLGE ABSICHERN

Egal, wie gut deine Routine bereits etabliert ist und wie gerne du sie ausführst: Es kann vorkommen, dass dir eine Routine entgleitet, du deine Motivation verlierst oder dir bei der Ausführung einer Routine langweilig wird.

Plane regelmäßige Prüfschleifen ein

Lege sicherheitshalber bereits bei der Planung deiner Routinen Prüfschleifen fest. Sie helfen dir, nicht von deinem Weg abzukommen oder wieder Fahrt aufzunehmen, wenn du deine Routine mal verloren hast.
Markiere dir dafür Termine in deinem Kalender. Frage dich an diesen Checkpunkten, ob du drangeblieben bist und ob du deine Routine in der vorgenommenen Qualität ausführst. Dann kannst du deine Routine gegebenenfalls wieder aufgreifen oder sie noch besser an dein Leben anpassen.

Nutze die Kraft der positiven Verstärkung

Gewünschtes Verhalten positiv zu verstärken ist eine gute Methode, um Menschen nachhaltig zu motivieren. Das gilt auch für die Selbstmotivation. Ein freundliches »Schön, dass du zehn Minuten trainiert hast – mach weiter damit« ist deutlich bestärkender, als sich selbst zu kritisieren, dass es »nur« zehn Minuten waren oder du es gestern »mal wieder nicht« geschafft hast.
Mach dir die positive Verstärkung zum täglichen Ritual und fokussiere abends darauf, welche Routinen dir gelungen sind und welche du am nächsten Tag ausführen wirst.

Achte auf Abwechslung

Im Automatismus der Routinen steckt auch die Gefahr, dass sie langweilig werden können. Wenn du bemerkst, dass deine Freude am Ausführen nachlässt, ist es wichtig, für neuen Pepp in deiner Routine zu sorgen. Passe deine Routine an, um wieder neue Erfahrungen zu machen. Ein täglicher Dauerlauf kann durch ein Intervalltraining, eine neue Strecke oder eine alternative Aufwärmtechnik ergänzt werden.
Indem du deine Routinen regelmäßig überprüfst und gegebenenfalls auffrischst, stellst du sicher, dass sie dir weiterhin zur Seite stehen. So bleiben deine Routinen ein wunderbares Werkzeug, um deine Ziele zu erreichen und deine Lebensträume zu realisieren.

ROUTINEN FEIERN.
BESTÄRKE DICH UND GENIESSE DEINE ERFOLGE

Hilfreiche Routinen festzulegen, einzubetten, konsequent auszuführen und regelmäßig zu überprüfen ist ein ganz schönes Stück Arbeit. Das verdient auch Anerkennung! Schenk sie dir in regelmäßigen Abständen.

Mach gelungene Routinen sichtbar

Wenn der Weg, der vor uns liegt, noch lange ist, erscheinen die bereits gesetzten Schritte kaum der Rede wert. Kleine Erfolge entlang des Weges aufzuzeigen hilft dir, deine Fortschritte zu würdigen. Führe eine Liste, welche Aktivitäten du bereits gesetzt hast, um deine Routine zu etablieren. Setze einen täglichen Haken, wenn du das, was du dir vorgenommen hast, erledigt hast. So machst du deine Disziplin sichtbar, verstärkst dein konstruktives Verhalten und siehst schwarz auf weiß, dass du bereits jetzt schon guten Grund zum Feiern hast.

Finde Gelegenheiten, dir zu danken

Nutze immer wieder die Gelegenheit, dir selbst Wertschätzung dafür auszusprechen, dass du an deinen Gewohnheiten dranbleibst. Suche unterschiedliche Aspekte, für die du dich loben kannst:
- eine neu geplante Routine, die gelingt.
- eine geplante Routine, auf die du keine Lust hattest, die du aber trotzdem ausgeführt hast.
- eine gelungene kleinste Einheit an einem dichten Tag, die dich davor bewahrt hat, eine Routine auszulassen.

All das sind Gelegenheiten, über die du dich freuen und die du feiern kannst.

Gönn dir Belohnungen

Sammle für dich, was deine ganz persönlichen Belohnungen sind. Ein schöner Spaziergang, Zeit im Garten, ein heißes Bad, ein Ausflug mit der besten Freundin ... Was auch immer dich im Großen wie im Kleinen erfreut, ist gut als persönliche Belohnung geeignet.

MEINE REFLEXIONS-ROUTINE

Meine persönliche Reflexions-Routine habe ich an die Tagesrandzeiten gelegt. Morgens kombiniere ich meine Meditation mit einer Sporteinheit in der Natur und genieße die energetisierende Stille der frühen Stunde. Dabei begleiten mich zwei Fokussierungsfragen: Was ist meine Absicht für den heutigen Tag? Und was werde ich dafür tun?

Abends gönne ich mir die »Three Blessings«, ein Dankbarkeitsritual, das ich beim Begründer der Positiven Psychologie, Martin Seligman, kennengelernt habe. Seligman hat herausgefunden, dass Menschen zufriedener sind und ihr Leben als geglückter erleben, wenn sie regelmäßige Dankbarkeit pflegen. Dabei genügt es, jeden Abend drei Dinge, für die du dankbar bist, aufzuschreiben. Der positive Effekt stellt sich bereits nach wenigen Tagen ein.

Meine tägliche Reflexions-Routine ist zu einer großen Kraftquelle in meinem Leben geworden und hilft mir, meine Prioritäten richtig zu setzen. Ich spreche mir selbst immer wieder Wertschätzung für meine Konsequenz aus und freue mich über meine gelungenen Routinen und ihre Wirkung in meinem Leben.

AUTHENTISCH FORDERN FÜR DICH

Dein selbstbestimmtes Leben und aktives Eintauchen in die Wirkmacht des Power-Effekts wird vielleicht nicht allen Menschen, mit denen du zu tun hast, gefallen, denn der Fokus auf deinen Weg und deine Interessen kann dich unbequemer für andere machen. Sei es, dass du weniger Zeit verschenkst, nicht mehr so oft für andere in Vorleistung gehst oder eine Entscheidung für deine Sache auch eine Entscheidung gegen die Sache einer anderen Person sein kann. Rechne also an manchen Stellen mit Ablehnung oder Widerstand und bereite dich darauf vor. Mach es dir zur Gewohnheit, auf deine Gefühle zu achten, zu deinen Bedürfnissen zu stehen, klare Botschaften zu formulieren, für die eigenen Anliegen sichtbar zu sein, authentisch für dich zu fordern und auch bei Gegenwind auf deinem Weg zu bleiben.

Steh zu deinen Emotionen und Bedürfnissen

Aufstehen und für sich einstehen ist eine Grundhaltung und unabdingbar, wenn du den Power-Effekt nutzen willst. Das gilt für deine Ziele und Wünsche ebenso wie für deine Bedürfnisse und Emotionen. Nur wenn du zu deinen Gefühlen stehst, werden sie berücksichtigt werden. Nur wenn du formulierst, was du brauchst, kannst du gehört werden. Ob du dann auch gleich bekommst, was du für dich forderst, ist eine andere Frage. Vielleicht musst du noch weiter dafür argumentieren, verhandeln oder kämpfen. Oder es ist das Gegenteil der Fall und die Unmissverständlichkeit und authentische Art, deine Anliegen zu vertreten, sorgen dafür, dass sich dir Türen öffnen. In beiden Fällen legst du mit deiner emotionalen Klarheit und Konsequenz das Fundament, deine Bedürfnisse und Ziele zu realisieren.

Was fühlst und brauchst du?

Gefühle und Bedürfnisse sind untrennbar miteinander verbunden und treten immer in einer Abfolge auf: Zuerst steht das Bedürfnis, das erfüllt werden will, danach kommt das zugehörige Gefühl, das sich in unser Bewusstsein drängt. Hier ein Beispiel: Mein Bedürfnis ist, unser Projekt zeitgerecht fertigzustellen. Als ein Kollege seinen Beitrag zu spät liefert, ärgert mich das. Zuerst steht das Bedürfnis nach Termintreue, danach kommt das Gefühl des Ärgers über die Unzuverlässigkeit. Gefühle sind also die Folge von Bedürfnissen und zeigen dir, wie du eine Situation bewertest. Bedürfnisse hingegen teilen dir mit, was du brauchst und weshalb etwas wichtig für dich ist.

Um in weiterer Folge präzise auszudrücken, was du möchtest, musst du lernen, deine Emotionen und Bedürfnisse wahrzunehmen und getrennt voneinander zu verstehen. Was genau fühlst du? Bist du wütend oder verärgert? Traurig oder gekränkt? Erfreut oder begeistert? Und welches Bedürfnis liegt dahinter, sprich: Was brauchst oder möchtest du? Je klarer du in deiner emotionalen Selbstwahrnehmung wirst, umso souveräner und schneller kannst du Gefühle adressieren und für deine Bedürfnisse und Interessen eintreten.

Emotionen und Bedürfnisse ernst nehmen

Nimm deine Gefühle ernst – auch wenn sie vermeintlich unpassend sind. Löse dich dabei von gelernten Mustern, die Frauen von klein auf ermuntern, Aggressionen zu unterdrücken und verständnisvoll und zurückhaltend zu agieren. Lass dir deine Gefühle und Bedürfnisse nicht absprechen! Schon gar nicht in Situationen, in denen deine Emotionen dir zeigen, dass etwas für dich nicht stimmt. Wut, Ärger und Unzufriedenheit können ein wunderbarer Antrieb sein, Kraft und Energie in die eigenen Anliegen zu stecken. Nun gilt es nur noch, diese klar, angemessen und unmissverständlich zu formulieren.

 GEFÜHLE ALS WEGWEISER

Aggressionen werden gemeinhin als für Frauen unangemessen dargestellt und sozial sanktioniert. Das zeigt auch eine von der Zeitschrift EMMA publizierte Studie mit 800 Studierenden, die an einer simulierten Gerichtsverhandlung teilnahmen. Ihnen wurden Beweisstücke und Plädoyers vorgelegt. Die Studierenden diskutierten den Fall online, allerdings ohne einander zu sehen. Ein Jurymitglied war anderer Meinung und formulierte dies mit Großbuchstaben, die in der E-Mail-Kommunikation als aggressiv gelten: »NEIN! du liegst FALSCH!!!« Das Ergebnis: War das Jurymitglied männlich, konnte es 18 Prozent der Kolleg:innen überzeugen. War es weiblich, null (!) Prozent. Und das, obwohl die Antworten der beiden aus identischen, vorprogrammierten Textbausteinen bestanden.

Studien wie diese zeigen eindeutig, dass Frauen Emotionen aberkannt werden, die stereotyp Männern zugeschrieben werden. Häufig werden Frauen, die aggressiv, fordernd oder wütend agieren, als irrational abgetan. Mit Sätzen wie »die Hormone« oder »die hat wohl ihre Tage« tun Männer so, als hätten Frauen keinen Grund für ihre Wut. Lass dir deine Gefühle nicht kleinreden. Sie sind ein wichtiger Wegweiser in deinem selbstbestimmten Leben. Lerne, sie zu verstehen und Wege zu finden, sie zu übersetzen und so auszudrücken, dass du damit weiterkommst.

SAG ES AUF DEINE ART! KOMMUNIKATIONSSTRATEGIEN, UM AUTHENTISCH FÜR DICH EINZUSTEHEN

Auf dem Weg in dein selbstbestimmtes Leben musst du lernen, klar zu kommunizieren. Nur wenn du präzise ausdrückst, was dir wichtig ist, wirst du damit wahrgenommen. Das kann bei deinem Gegenüber auf Erstaunen oder Ablehnung stoßen und braucht Mut und die Bereitschaft, mit Gegenwind umzugehen.

Dafür gebe ich dir Werkzeuge an die Hand, mit denen du konstruktiv und authentisch für dich fordern kannst. Nimm dir die Zeit, jene Werkzeuge, die dich ansprechen, zu üben, damit du sie in den Situationen, in denen du sie brauchst, gut beherrschst. Je besser deine kommunikativen Fähigkeiten werden, umso kraftvoller kannst du für deine Ziele, Wünsche und Bedürfnisse einstehen.

Sprich in Lösungen

Denke und sprich in Lösungen und formuliere ohne Verneinung. Der Satz »Unterbrich mich nicht« ist weniger zielführend als die Formulierung »Ich möchte meinen Gedanken ausformulieren.« Hintergrund ist, dass unser Unterbewusstsein das Wort »nicht« nicht verarbeiten kann. Wenn du also vom *nicht*-Unterbrechen sprichst, gibst du – paradoxerweise – deinem Gegenüber die Anweisung, genau das zu tun: dich zu unterbrechen. Wähle daher immer eine Formulierung, die deine angestrebte Lösung benennt und ausdrückt, was du erreichen willst.

Fordere unmissverständlich und exakt

Formuliere Forderungen eindeutig und präzise. Drücke sie positiv, lösungsorientiert, kurz und prägnant aus. Achte darauf, dass andere gut nachvollziehen können, was du meinst, und dass du gehört wirst. Fordere auch ein, dass deine Beiträge wahrgenommen und aufgegriffen werden.
Deine Frage wird übergangen? Stell sie einfach noch einmal.
Deine Aussage wird links liegen gelassen? Sprich das Thema erneut an. Vielleicht wurde dein Beitrag nur überhört. Wurde er ignoriert, lohnt es sich umso mehr, ein zweites Mal mit ihm in Verbindung gebracht zu werden.

Formuliere angemessen

Nutze Kommunikation, um Beziehungen zu bauen. Auch dann, wenn das Miteinander fordernd ist. Mit guter Kommunikation lässt sich immer mehr erreichen – sowohl für die gemeinsamen als auch für die individuellen Interessen.
Achte insbesondere auf eine angemessene Sprache, wenn du dich ärgerst und über Gefühle und Bedürfnisse sprichst. Benenne nicht nur, was du fühlst, sondern mach auch klar, was du in der Sache voranbringen willst. Tu dies auf eine Art, die für dein Gegenüber annehmbar ist. Niemand möchte mit einem schlechten Gefühl aus einem Gespräch

gehen. So kannst du z. B. die Position der anderen Person anerkennen und gleichzeitig bei deiner Meinung und auf deinem Weg bleiben. Ein Bitte macht deine Forderungen ebenfalls nicht weniger kraftvoll. Formuliere immer angemessen, in einer Verbindung auf Augenhöhe und bleib gleichzeitig konsequent in der Sache, die du erreichen willst.

Nutze nonverbale Signale

Mach es dir zur Gewohnheit, wichtige Aussagen mit Gesten zu verstärken, denn nonverbale Botschaften haben eine höhere Wirkung als gesprochener Text. Setze deinen Körper, deine Gesten und deine Mimik bewusst ein, um Wichtiges zu unterstreichen. Mach dich größer, indem du dich aufrichtest oder aufstehst, wenn es um etwas Bedeutungsvolles geht oder du wahrgenommen werden willst. Signalisiere mit deiner ausgestreckten flachen Hand ein Stopp-Zeichen, wenn du jemandem Einhalt gebieten willst. Wische symbolisch Argumente vom Tisch, indem du mit deiner Hand etwas Unsichtbares zur Seite schiebst. Öffne deine Arme, wenn du jemanden willkommen heißt.

Überlege dir schon vorab, welche nonverbalen Signale du einsetzen möchtest, wenn du deine Forderung aufbereitest, und übe die Aussage in Verbindung mit deiner geplanten Geste.

Hol dir geklaute Beiträge zurück

Du hast einen guten Input gebracht, der später von einem Kollegen als seine Idee präsentiert wird? Hol dir deine Beiträge mit einem freundlichen »Danke, dass du meinen Beitrag aufgreifst! Lass mich meine Idee selbst zusammenfassen.« zurück. Vorbeugend kannst du es dir zur Gewohnheit machen, deine Ideen zu visualisieren. Eine Notiz am Flipchart, Online-Board oder auf einem Post-it leisten hier gute Dienste. Sie liefern den sichtbaren Beweis, dass die Idee von dir stammt. Sobald jemand deinen Beitrag als seinen ausweist, kannst du dein Post-it zur Hand nehmen und es mit der Aussage »Wunderbar, dass meine Idee nochmals zur Sprache kommt« aufzeigen.

Grenz dich ab

Halte dagegen, wenn du angegriffen wirst. Halte Blickkontakt, bleib aufrecht und raumgreifend in deiner Körperspannung. Ein tiefer Atemzug gibt dir in jeder fordernden Situation Kraft. Sag danach klar und deutlich, was du willst.
Nutze für deine Botschaft die Struktur *Wahrnehmung – Wirkung – Bedürfnis – Wunsch*:
- beschreibe das Verhalten der anderen Person,
- ergänze die Wirkung dieses Verhaltens auf dich,
- sag, was du erreichen willst
- und was die andere Person tun soll.

Das kann etwa so klingen: »Du sagst, du findest den Vorschlag lächerlich. Das ärgert mich, denn ich möchte, dass wir das bestmögliche Ergebnis für unsere Kundin erreichen. Lass mich den zentralen Aspekt meiner Lösung schärfen.«
Fordernder wirkt die Struktur *Situationsbeschreibung – Abgrenzung – Forderung*: »Du sagst, du findest die Idee lächerlich. Das sehe ich anders. Ich erwarte, dass du mich ausführen lässt, was wir gewinnen können, wenn wir uns für diese Variante entscheiden.«

Vertage oder beende unproduktive Gespräche

Du kannst destruktive oder stagnierende Auseinandersetzungen auch mit einem klaren »Ich beende das Gespräch« abbrechen. Oder du vertagst das Gespräch auf eine verbindlichere Weise: »Wir drehen uns gerade im Kreis. Mir ist wichtig, dass wir eine Lösung finden. Lass uns vertagen, um morgen mit frischem Blick zu starten.«

Verwende Break-the-Pattern-Strategien

Sei wachsam in Bezug auf Muster, die dazu führen, dass Frauen nachteilig für sich agieren – beispielsweise Pseudo-Delegationen wie »Wir haben kein Papier mehr« anzunehmen. Frauen stehen in solchen Fällen häufig auf, um welches zu holen – selbst wenn sie nicht persönlich darum gebeten wurden und die Aufgabe nicht Teil ihres Jobs ist. Brich dieses Muster und bleib einfach sitzen. Zähle innerlich bis 20 und warte, was passiert. Die Wahrscheinlichkeit ist hoch, dass sich der fordernde Mensch selbst um das Papier kümmert. Etwas NICHT zu tun, ist auch eine klare Botschaft.
Eine weitere Break-the-Pattern-Strategie ist, Fragen einfach zu beantworten, anstatt die Aufgabe umgehend zu erfüllen. »Im Besprechungsraum links« ist die bessere Antwort

auf die Frage »Wo sind die Blöcke?«, als aufzustehen, um diese zu bringen.
Du kannst natürlich weiterhin hilfsbereit und aufmerksam sein. Die Break-the-Pattern-Strategie anzuwenden, ist dann sinnvoll, wenn wir unbewusste Automatismen unterbrechen wollen, die nachteilig für uns Frauen sind. Wenn Frauen nämlich wiederholt auf Pseudo-Delegationen reagieren, führt dies dazu, dass Aufträge in weiterer Folge direkt an die jeweilige Frau gerichtet werden – und schon finden wir uns als Einzige beim Kaffeeholen und Geschirrspüler-Einräumen wieder.
Achte vor allem in gemischten Gruppen auf diese Muster, denn – laut einer Studie der Ökonominnen Linda Babcock, Maria Recalde, Lise Vesterlund und Laurie Weingart melden sich Männer und Frauen in homogenen Gruppen gleich häufig für freiwillige Aufgaben. Sobald Gruppen gemischtgeschlechtlich zusammengesetzt sind, melden sich Frauen häufiger, Männer seltener.

MEHR ALS EINMAL IST EIN MUSTER

Karin ist offen für eine neue Herausforderung und möchte sich auf ihre Bewerbungen vorbereiten. Im Zuge von Women4Women arbeiten wir an ihrer Gesprächsstrategie und Wechselmotivation. Dabei stellt sich heraus, dass sie in ihrem aktuellen Job spannende Projekte betreut, in einem guten Team eingebettet ist und eine starke Verbundenheit zum Unternehmen verspürt – also eigentlich sehr zufrieden mit ihrer Stelle ist. Warum will sie wechseln? Karin erzählt, dass sie sich ärgert. Ihr Chef nimmt ihr die Lorbeeren weg. Er hat geringere Kompetenzen, sie macht die Arbeit, er kassiert.
Karin kennt dieses Gefühl des Ausgebremst-Werdens – sie hatte es schon im vorigen Job, wo ihr eine Leitungsfunktion nach der Elternzeit aberkannt wurde. Trotz gleichbleibenden Engagements. Ein Ärgernis, das sie damals zur Kündigung motivierte.
Woran haben wir gearbeitet?

1. Erkenne das Muster
Karin will das zweite Mal Job wechseln, weil sie etwas nicht bekommt. Sie empfindet dabei erneut den gleichen Ärger wie in der ersten Situation. »Mehr als einmal« ist ein guter Punkt, auf mögliche Muster zu achten, denn wenn dir etwas wiederholt passiert und du dabei das gleiche Gefühl verspürst, liegt dem üblicherweise ein Muster zugrunde, das mehr mit dir zu tun hat als mit der Situation oder der anderen

Personen. Wenn du nicht dafür sorgst, dass dein dahinterliegendes Bedürfnis erfüllt wird, nimmst du das Muster mit in die nächste Situation und wirst an den gleichen Emotionen wieder und wieder vorbeikommen.

2. Formuliere klare Forderungen

Karin wurde klar, dass ihr Ärger immer dann auftritt, wenn sie nicht für ihr Bedürfnis einsteht, sichtbare Anerkennung für ihre Leistungen zu bekommen. Ein guter Grund, dem eigenen Ärger für seine Hartnäckigkeit zu danken. Karin beschloss, zu lernen, ihre Erwartungen ab nun eindeutig zu adressieren. Sie nahm sich Zeit, ihre Wünsche zunächst für sich selbst klarzumachen, um danach eine gute Formulierung zu finden, wie sie ihr Anliegen bei ihrem Chef angemessen, annehmbar und konsequent durchsetzen kann.

3. Übe die Situation

Karin hatte Sorge, dass ihr Wunsch nach Sichtbarkeit ihrer Leistung in Form einer Führungsposition vom Tisch gewischt wird. Wir sammelten die Gegenargumente, die ihr Chef bringen könnte, und erarbeiteten für jedes eine lösungsorientierte Antwort. Danach übte Karin sowohl ihre Erwartungshaltung auszusprechen als auch ihre verbale und nonverbale Reaktion auf die möglichen Gegenargumente.

4. Lass die Lösungssuche, wo sie hingehört

Im Gespräch brachte ihr Chef das Argument ein, dass eine weitere Führungsrolle in der Abteilung nicht möglich ist. Karin widerstand dem Impuls, sich dieser Aussage zu fügen und stellte einfach ihr Bedürfnis nach Sichtbarkeit als gleichwertig daneben: »Ich verstehe, dass keine weitere Position eingeplant ist. – *Pause* – Für mich ist zentral wichtig, dass meine Leistung sichtbar wird. Das ist für mich unverhandelbar. Über die Art und Weise können wir gerne sprechen und eine Lösung suchen, die für beide Seiten passt.« Damit lässt Karin die Verantwortung für das Problem da, wo es hingehört: bei ihrem Chef. Gleichzeitig bleibt sie stark und klar in ihrer Forderung.
Die Methode hat in Karins Fall bestens funktioniert. Nach einem zweiten Gespräch erklärte sich Karins Chef bereit, doch eine weitere Führungsposition zu schaffen – inklusive der zugehörigen Gehaltsanpassung.
Schön zu sehen, was mit der richtigen Gesprächsstrategie und guter Vorbereitung alles möglich ist.

Gute Kommunikation, die auf klaren Forderungen aufbaut und mit kraftvollen Fragen zum Ziel führt, ist – genauso wie die Anwendung von Break-the-Pattern-Strategien – eine Sache der Übung. Nimm dir Zeit, deine Kommunikationsfähigkeiten immer weiter auszubauen. Schritt für Schritt wirst du damit kommunikationsstärker und kannst in immer mehr fordernden Situationen verhandlungssicher, authentisch und beziehungsstark agieren und zielgerichtet vorankommen.

FORDERE DEINEN GERECHTEN FINANZIELLEN ANTEIL

Ein häufiges Thema, wenn es darum geht, für sich selbst zu fordern, ist der Bereich Finanzen und Geld. Viele Frauen meiden das Thema – oft, weil sie nicht wissen, was ihnen zusteht oder weil sie noch keine Strategie zur Hand haben, wie sie diesen Punkt am besten ansprechen. De facto beschäftigt sich nur jede zweite Österreicherin im Alter von 35 bis 55 Jahren mit dem Thema Finanzen. Dabei wird in diesem Zeitraum die entscheidende Basis für Wohlstand und ein sorgenfreies Alter gelegt. Wir haben nur eine Lebenszeit – jeder Euro, den wir in dieser Zeit nicht verdienen, obwohl es mit gleichem Aufwand möglich wäre, ist verschenkt.
Mit Blick auf den aktuellen Gender Pay Gap können Frauen davon ausgehen, dass sie zu wenig verdienen und es bei ihrem Gehalt oder Tagsätzen Luft nach oben gibt. Diese »low hanging fruits« wollen wir ernten. Egal, ob du das Geld für dich haben oder du einfach die Ungerechtigkeit nicht länger mittragen willst: Hol dir deinen fairen Anteil und lass dich nicht von anderen unter deinem Wert einkaufen. Es geht um deinen Wohlstand, deine Sicherheit und auch darum beizutragen, dass Frauen nicht länger systematisch schlechter bezahlt werden. Das ist eine Ungerechtigkeit, die einfach aufhören muss. Selbst wenn du das Geld für dich selbst nicht brauchst, kannst du es auch verschenken oder spenden und damit zu mehr Gerechtigkeit beitragen. Ich ermutige dich, dich fundiert und kraftvoll für eine faire, angemessene und gute Entlohnung deiner Leistungen, deiner Kompetenzen und deines Engagements stark zu machen und so den Gender Pay Gap für dich und alle Frauen weiter zu schließen.

Mach dich schlau

Willst du zu einer fairen Entlohnung kommen, dann informiere dich. Über Geld sprechen wir immer noch zu wenig. Im Women4Women-Programm, aber auch in Leadership-Coachings stelle ich fest, dass Frauen wenig bis gar nicht recherchieren, was andere in der gleichen Branche und Position verdienen. Männer wissen zu etwa 80 Prozent, wo sie selbst in der Gehaltsbandbreite liegen. Bei Frauen sind es maximal 10 Prozent. Diese Information ist aber wichtig, um authentische Forderungen zu stellen. Zu wissen, wie viel andere in vergleichbaren Positionen und Verantwortungen verdienen, gibt dir die nötige Orientierung für ein Gehaltsgespräch. Dann weißt du, was du fordern kannst. Sorge also für mehr Orientierung und Sicherheit, indem du

- deinen Marktwert recherchierst. Das ist der Wert, der am Markt für eine vergleichbare Leistung, Position, Berufs- inkl. Führungserfahrung, Ausbildung und Arbeit in einer bestimmten Hierarchieebene bezahlt wird. Im Internet findest du Gehaltsrechner und -Benchmarks mit aktuellen Zahlen, die dich unterstützen. Ebenso bringen Gespräche mit vertrauten Personen über Geld und die jeweilige Einkommenshöhe erhellende Zahlen zutage.

Übrigens: Falls es dir unangenehm ist, andere nach ihrem Verdienst zu fragen, kannst du es als gute Trainingsmöglichkeit sehen, mit mehr Selbstverständlichkeit über Geld zu sprechen. Das hilft dir, wenn du mehr Gehalt für dich forderst.

- in der HR-Abteilung deines Unternehmens nachfragst, in welcher Bandbreite sich die Gehälter für deine Position, Kompetenzen und Ausbildung aktuell bewegen.
- du dich in deinem Unternehmen erkundigst, wie mit dem Gender Pay Gap umgegangen wird bzw. welche Strategien das Unternehmen anwendet, um eine gendergerechte Bezahlung zu gewährleisten.

Lerne zu fordern und trainiere deine Verhandlungsstärke

Ein weiteres Faktum, das den Gender Pay Gap befeuert, ist, dass Frauen seltener nach Beförderungen oder Gehaltserhöhungen fragen und sich mit Angeboten – die ohnehin schon geringer ausfallen – schneller zufriedengeben als Männer. So fragt nur die Hälfte der Frauen nach einer jährlichen Gehaltserhöhung. Mehrmals im Jahr fragt nur ein Prozent der Frauen. Noch nie gefragt haben 44 Prozent, so eine Untersuchung der Jobbörse Stepstone. Im ersten Job ist es noch gravierender: Hier verhandeln nur 7 Prozent der Frauen ihr Gehalt, aber 53 Prozent der Männer.

Die fünf größten Fehler, die Frauen bei Gehaltsverhandlungen machen, sind:

- nicht zu verhandeln,
- zu selten zu verhandeln,
- zu geringe Forderungen zu stellen,
- keine Gesprächsstrategie vorzubereiten und
- die persönlichen Verhandlungsfähigkeiten brachliegen zu lassen.

Wenn Frauen jedoch in die Vorbereitung von Verhandlungen investieren, sind deutliche Erfolge erzielbar, für die es sich lohnt, aktiv zu werden. Lerne also für dich und deine Leistungen einzustehen, mach sie sichtbar, trainiere deine Verhandlungsfähigkeiten und bereite Gespräche, in denen du für dich forderst, gut vor. Achte darauf, dass deine Zeit und dein Engagement entsprechend entlohnt werden. Steh du an erster Stelle, wenn es darum geht, dir diese Wertschätzung zuzusichern. Deine Zeit ist wertvoll. Sie ist dein Leben.

Buchbonus:
Verhandlungsstrategien für dein Gehaltsgespräch
Lade dich mit wichtigen Verhandlungsstrategien für dein nächstes Gehaltsgespräch auf und lerne, authentisch für deinen Wert einzustehen.

Dein gutes, selbstbestimmtes Leben realisiert sich Schritt für Schritt, wenn du deine Wünsche, Träume und Bedürfnisse kennst und auf eine Art für sie einstehst, die authentisch ist, Beziehungen stärkt und dir und deinen Anliegen Respekt verschafft. Das Leben hält viel für dich bereit. Du musst nur zugreifen, die Verantwortung für deine Ausrichtung, deine Entscheidungen und deine Lebenszeit übernehmen und da, wo es nötig ist, für deine Sache fordern.
Mach es dir noch einfacher und sorge für noch mehr Rückenwind, indem du mit deinen Themen und Anliegen konsequent sichtbar bleibst. So kann sich viel mehr für dich ergeben, denn Menschen werden dich vermehrt bedenken und dir die Hand reichen, wenn sie wissen, wofür du stehst und was du willst.

SORGE FÜR DEINE SICHTBARKEIT

Chancen gehen nie verloren – sie werden nur von anderen genutzt. Das ist vor allem für uns Frauen wichtig zu wissen, denn wir bleiben öfters im Hintergrund, denken seltener daran, unsere Leistungen sichtbar zu machen und überlegen länger, bevor wir Chancen ergreifen – zum Beispiel eine angebotene berufliche

Position zu übernehmen. Studien der Leadership-Experten Jack Zenger und Joseph Folkman zeigen, dass Männer sich deutlich schneller für einen Job bewerben, auch wenn sie die geforderten Kriterien nicht erfüllen. Frauen hingegen bewerben sich erst dann, wenn sie die Anforderungen übererfüllen. Manche zögern selbst dann noch. Hier gilt es, schneller zu werden und die eigenen Stärken und Erfolge ins Rampenlicht zu stellen.

Bring dich in Stellung

Mach dir klar, wohin du dich entwickeln willst und welche Positionen in weiterer Folge für dich interessant sind. Sei vorbereitet, Chancen zu erkennen und sie zu nutzen. Bewirb dich, auch wenn du das Gefühl hast, nur 70 Prozent der Anforderung für die Stelle, die dich anspricht, zu erfüllen. Du kannst dir ziemlich sicher sein, dass du besser qualifiziert bist als deine Mitbewerber. Sollte es tatsächlich zu wenig sein, das du aktuell mitbringst, hast du zumindest Engagement gezeigt und wirst idealerweise gleich bei den entsprechenden Entscheider:innen für weitere Chancen vorgemerkt. Nutze die Gelegenheit und versorge dich mit Informationen, was du verbessern kannst, um in Zukunft für eine vergleichbare Position in Frage zu kommen. Frag nach, welche Förderprogramme es im Unternehmen gibt und halte fest, dass du an diesen teilnehmen möchtest. Sorge dafür, dass diejenigen deine Ambitionen kennen, die für die Besetzung spannender Stellen verantwortlich sind.

Denk in Bühnen und bleib sichtbar

Achte darauf, deutlich sichtbar für deine Anliegen, Leistungen und Stärken zu sein. Das gilt vor allem in deinem Job. Es reicht nicht, gute Arbeit zu machen – das ist die Grundvoraussetzung.

Sorge dafür, dass du mit deiner Kompetenz und deinen Beiträgen gehört und gesehen wirst. Bring dich in Meetings ein, ergreife das Wort, zeig deine Arbeit und deine Ideen. Am besten gleich zu Beginn des Meetings, wo die Aufmerksamkeit am höchsten und die Diskussion noch nicht am Laufen ist. An dieser Stelle gelingt es am einfachsten, die Bühne zu erobern. Das Prinzip Sichtbarkeit gilt auch bei Online-Meetings: Schalte die Kamera ein – selbst wenn du die Einzige bist, die dies tut. Visuelle Informationen bleiben am stärksten in Erinnerung. Nutze diesen Effekt für dich und nimm dir deine Online-Bühne.

Bleib an Tagen, an denen du im Unternehmen bist, nicht nur am Arbeitsplatz sitzen, sondern zeig dich und deine Erfolge. Das ist speziell für Frauen, die in Teilzeit arbeiten, wichtig. Sie verbringen statistisch mehr Zeit an ihrem Platz als Vollzeitbeschäftigte. Leider wirkt sich das negativ auf ihre Sichtbarkeit und Positionierung aus. Bespiele also die Teilzeit-Bühne – sei es am Kaffeeautomaten, in Meetings oder Abstimmungen, die du einberufst.

Teile deine Ergebnisse und Erfolge

Zeig, was du leistest. Teile deine Ergebnisse im Unternehmen und sprich dabei auch mit Zahlen über deine Erfolge. Wie viele Projekte hast du bereits umgesetzt? Wie hoch war das Einsparungspotenzial, dass du gehoben hast? Wie viele Kund:innen hast du im letzten Quartal gewonnen? Belege deine Erfolge und mach sie damit so eindrucksvoll, wie sie es verdienen.

Du wurdest gebeten, eine Präsentation zu erarbeiten? Liefere nicht nur das Ergebnis ab, sondern bring auch ein, dass du die Präsentation halten möchtest. Zeig dich als Expertin für Bereiche, die mit dir in Verbindung gebracht werden sollen. Steter Tropfen höhlt den Stein gilt auch für deine Sichtbarkeit, deine Positionierung und dein Vorankommen.

Sorge immer wieder dafür, dass deine Leistungen und Ergebnisse mit dir in Verbindung gebracht werden. »Tu Gutes und rede darüber« ist der Leitsatz – auch wenn dies für Frauen oftmals heißt, die eigene Komfortzone zu verlassen.

✊ SEI ERFOLGREICH UND STEH DAZU!

Franziska strebt einen nächsten Karriereschritt an. Sie möchte sich für eine Leitungsposition bewerben und ihr Gehalt verbessern. Franziska zögert, ob sie allen Anforderungen der neuen Position gewachsen ist und fragt sich, ob sie mit ihren bisherigen Leistungen überzeugen wird. Im Women4Women-Coaching überarbeiten wir ihren Lebenslauf. Dort finde ich in einem Nebensatz das Sonderprojekt »Strategie-Entwicklung für die unternehmensinterne Akademie«. Ich frage nach, was es damit auf sich hat und werde überrascht: Franziska erzählt mir, dass die gesamte Idee zur Akademie von ihr stammt, sie den kompletten Aufbau von vier Ausbildungsschienen entwickelt und geleitet hat und die letzten drei Jahre 2.500 Ausbildungen supervidiert hat. Klingt doch gleich viel beeindruckender, finde ich. Das wollen wir auch entsprechend darstellen.

Franziska überarbeitet ihren Lebenslauf und dokumentiert alle wichtigen Stationen mit Zahlen. Danach üben wir, von den eigenen Erfolgen mit den zugehörigen Zahlen zu sprechen und sich dabei auch wohl und sicher zu fühlen. Darüber hinaus entwickelt Franziska eine 3-Jahres-Strategie für die angestrebte Position. Welche Herausforderungen sieht sie und wie wird sie ihnen begegnen? Welche Handlungsfelder erachtet sie als entscheidend und wie ist ihr Umsetzungsplan?

Es war ein gutes Stück Arbeit, die eigenen Leistungen und Erfolge sichtbar zu machen und bereits in Strategien für die neue Position zu investieren. Eine Vorleistung, die sich gelohnt hat. Franziska fühlte sich der Herausforderung durch diese Vorbereitung gewachsen – sie freute sich richtiggehend darauf und ihre Leidenschaft, in dieser Position viel für das Unternehmen zu bewirken, wuchs. Dieses Engagement beeindruckte die interne Jury. Franziska erhielt in der zweiten Runde den Zuschlag und freut sich nun über die neue Verantwortung und ein Team mit acht Mitarbeiter:innen.

Das Beispiel von Franziska erlebe ich als typisch für den Umgang von Frauen mit ihren Erfolgen. Sie erwähnen sie nicht, machen sie klein oder hinterlegen ihre Erfolge nicht mit den zugehörigen Zahlen. Die braucht es jedoch, um kraftvoll und wirkungsstark sichtbar zu sein. Nimm dir also die Zeit, deine Erfahrungen und Erfolge aufzubereiten und lerne, mit ihnen sichtbar zu werden. Du wirst sehen, das überzeugt nicht nur andere, sondern vor allem auch dich selbst.

Schaffe Allianzen und pflege Netzwerke

Denk nicht nur in Bühnen - denk auch in Allianzen. So kannst du deine Wirkung multiplizieren und noch besser in deine Gestaltungskraft kommen. Sorge also auch in Netzwerken für deine Sichtbarkeit, dann können dir andere unter die Arme greifen und dich voranbringen. Such dir einflussreiche Unterstützung, nimm an formellen und informellen Aktivitäten teil. Baue strategische Beziehungen, um Vertrauen zu entwickeln und dich als Partnerin auf Augenhöhe zu positionieren. Pflege vor allem weibliche Netzwerke mit ihrer besonderen Kultur der Verbundenheit und Unterstützung.

Mit dem 5-Step-Power-Plan bist du in deiner Kraft angekommen. Nutze den daraus resultierenden Power-Effekt für dein gutes Leben und reiche auch anderen Frauen die Hand, denn gemeinsam kommen wir noch besser voran.

Sisterhood.
Jetzt bist du stark – stärke auch die anderen

Die Gleichung des Power-Effekts ist bestechend einfach: Wenn jede von uns für sich selbst und ihre Stärke sorgt, haben wir alle zusammen mehr Kraft. So können wir einander unterstützen, vor den Vorhang holen, Türen öffnen und gemeinsam mehr erreichen.

Leider wird manchmal das Gegenteil von aktiver Sisterhood gelebt, indem Frauen kritisch übereinander sprechen, anderen negative Zuschreibungen geben oder einander einfach nicht zur Seite stehen. Damit rauben wir uns selbst und einander Kraft. Verhaltensweisen wie diese zu erleben, betrübt mich, denn in all meinen Female-Empowerment-Programmen erlebe ich hautnah, wie stark die Verbindung unter Frauen sein kann. Wenn die richtigen Dynamiken in Gang gesetzt werden, bestärken Frauen einander, stehen füreinander ein, bringen einander in Stellung und leben eine Kultur der Unterstützung, die berührend in ihrer Intensität ist und einen echten Power-Effekt im persönlichen Erfolg jeder Einzelnen bewirkt. Indem wir dies tun, gleichen wir die Problematiken, die Stereotype für uns Frauen bringen, ein Stück weit aus. Dann entfesseln wir unsere Kräfte, stärken einander und fördern unser individuelles wie kollektives Wachstum. Schenk also ein Stück deiner Kraft anderen Frauen. Das hilft uns allen, Sister.

UNTERSTÜTZUNG GEBEN – UNTERSTÜTZUNG NEHMEN

Aktiv gelebte Unterstützung ist ein spannendes Phänomen. Frauen achten auf ein gerechtes Miteinander in Gruppen, sind schnell bereit, anderen den Rücken zu stärken und zu teilen. Diese Tendenz von Frauen, fair zu teilen, belegt auch eine Untersuchung der Ökonom:innen James Andreoni und Lisa Vesterlund. Eine Kultur des Gebens ist wunderbar für unsere Sisterhood. Gleichzeitig denken Frauen aber selten daran, dass sie auch für sich selbst um Unterstützung bitten können. Dabei ist genau diese bidirektionale Kultur der Unterstützung mit Geben und Nehmen – so die Studienergebnisse des Psychologen Adam Grant – der entscheidende Faktor für den eigenen Erfolg.

Grant unterscheidet in seinen Studien drei Typologien:

- **Givers** – Menschen, die geben.
- **Takers** – Menschen, die nehmen.
- **Matchers** – Menschen, die auf Ausgleich bedacht sind, aber nur so lange geben, solange sie auch bekommen.

Überraschenderweise zeigen Grants Untersuchungen, dass vor allem gebende Menschen erfolgreicher durchs Leben gehen. Überraschend deshalb, da landläufig davon ausgegangen wird, dass Takers – also die Menschen, die überwiegend nehmen und Situationen für sich optimieren – erfolgreicher sind. Umso bahnbrechender sind Grants Ergebnisse, die zeigen, dass Menschen, die ohne Gegenleistung geben, die Bekannten helfen und Fremden Ratschläge anbieten, es überdurchschnittlich oft bis ganz nach oben schaffen. Allerdings müssen dabei zwei Verhaltensweisen gezeigt werden, um nicht den gegenteiligen Effekt der Erfolglosigkeit zu erzielen. Geber:innen sind dann, aber auch nur dann, langfristig erfolgreich, wenn sie

- auf die eigenen Ressourcen achten und nicht grenzenlos geben, sondern sich abgrenzen können, damit sie nicht ans Limit der eigenen Kraft kommen. Dies gilt insbesondere im Kontakt mit Taker:innen.

- selbst häufig um Hilfe und Unterstützung bitten, um damit einen stärkeren Vortrieb im Leben zu bewirken. Dies ist der wesentliche Unterschied, ob jemand, der gibt, erfolgreich wird oder nicht.

Speziell für Frauen gilt es also einerseits zu lernen, häufiger nach Unterstützung zu fragen, sei es in Form von Rat, Beistand, Förderung, Mitwirkung oder Kooperation. Andererseits kommt es auch darauf an, eine Kultur der aktiven Unterstützung zu pflegen, in der wir immer wieder nach Gelegenheiten suchen, andere Frauen zu fördern. Der wahre Power-Effekt entsteht im Geben und im An-Nehmen von Unterstützung. Beides mit klaren Grenzen, freiwillig und auf Augenhöhe.

WIR WOLLEN FRAUEN SEHEN. IMMER UND ÜBERALL!

Eine wunderbare Form von Sisterhood ist es, einander sichtbar zu machen und vor den Vorhang zu holen. Damit hebeln wir einfach jene Stereotype aus, die uns erklären, Frauen dürfen nicht erfolgreich sein oder müssen ihre Erfolge kleinreden, wenn sie überzeugen oder gemocht werden wollen. Indem wir gut übereinander sprechen, die Erfolge anderer Frauen betonen, sie aktiv zeigen und einander in Diskussionen einbeziehen, machen wir genau diese Stereotype wirkungslos. Das konsequente Sichtbarmachen weiblicher Leistungen hilft allen Frauen und lässt einen steten Fluss positiver Präsenz von Frauen im öffentlichen und virtuellen Raum entstehen. Zudem führt es zu mehr weiblichen Vorbildern und damit zu mehr Selbstbewusstsein, Kraft und Rückhalt für Frauen.

Hole also hartnäckig andere Frauen vor den Vorhang. Denk auch daran, um Unterstützung für deine eigene Sichtbarkeit zu bitten. Sei offen, beobachte, suche und finde Erwähnenswertes. Besonders gut eignen sich Leistungen, Ergebnisse, Stärken, Talente, Fähigkeiten, Engagement und erzielte Erfolge. Lege dir einfache Stehsätze zu, mit denen du anderen die Bühne bereitest: »Was sagst du dazu?«, »Lasst uns Kollegin x dazu holen – sie ist die Expertin in y«, »Z ist doch dein Spezialgebiet – was können wir aus deiner Erfahrung lernen?« sind Fragen, die Türen öffnen, durch die Frauen einfach gehen können. Du eingeschlossen.

Schenke Mut und Sicherheit

Weibliche Sichtbarkeit geht Hand in Hand mit innerer Sicherheit. Je mehr erfolgreiche Frauen wir erleben, umso mehr trauen wir uns selbst zu. Fördere daher andere Frauen, wo immer du kannst. Vermittle Selbstvertrauen, sprich Mut zu, gib Zuversicht und biete deine Hilfe an. Für dich ist es vielleicht nur ein kleiner Satz – für die andere kann es ein Anstoß, ein Mutmacher oder auch ein lebensverändernder Impuls sein.

Ich bekomme von so vielen Frauen Feedback, wie sehr ihnen die Bestärkung und Ermutigung geholfen hat, die sie in unseren Women4Women-Gesprächen erfahren haben. »Ich weiß, du schaffst das«, »Du bist bestens vorbereitet« oder »Das wird sicher ein Erfolg« sind eine positive Verstärkung, die – wenn sie vom Herzen kommt – einer anderen Frau den Rückenwind gibt, den sie vielleicht genau in diesem Moment braucht.

**MEHR ERFOLG
IN WEIBLICH**

**MEHR
SELBSTVERTRAUEN**

**MEHR SICHTBARE
FRAUEN**

Nutze deine Hebel

Viele von uns sitzen an irgendeiner Stelle an den Schalthebeln und können darüber entscheiden, was wichtig genommen werden muss. Nutze deine Macht, um andere Frauen zu fördern. Achte auf Geschlechtergerechtigkeit und Sichtbarkeit von Frauen in deinem Umfeld. Unterstütze ihre Vorhaben und zeige weibliche Vorbilder, sei es im Unternehmen, in Vereinen oder im privaten Rahmen. Sprich Frauen Mut zu, inspiriere sie und öffne in deinen Gesprächen Denkräume für Kooperation, Zusammenarbeit und wechselseitige Unterstützung.

Setz dich dafür ein, dass Mitarbeiterinnen möglichst flexible Arbeitszeiten vorfinden, und etabliere eine Sitzungs- und Besprechungskultur, die so organisiert ist, dass auch Frauen mit Betreuungspflichten zeitlich und örtlich einfach teilnehmen können.

Ermögliche Frauen, mit Female Empowerment in Kontakt zu kommen – sei es in einem internen Netzwerk, einer einschlägigen Weiterbildung, einer Mentoring-App wie ADA Growth oder in Form einer Female Empowerment Keynote, die du ins Unternehmen holst.

Fordere Respekt für Frauen

Halte dagegen, wenn schlecht über Frauen gesprochen wird – egal ob über eine bestimmte Frau oder Frauen im Allgemeinen. Steig auf die Barrikaden, wenn Frauen ausgegrenzt oder als weniger geeignet dargestellt werden. Steh ein für einen respektvollen Umgang mit Frauen. Jeder Schritt in Sachen Sisterhood bringt uns gemeinsam voran. Jede Frau, die wieder gestärkt ist, hat mehr Kraft, eine andere zu stärken. So wird die Verbundenheit zwischen uns Frauen zu einer Kraftquelle, die von jeder von uns gespeist wird und jede Einzelne von uns nährt.

Buchbonus:
Hol dir deine Mentorin in die Tasche und nutze die ADA Growth App 6 Monate gratis. ADA hilft dir mit täglichen Kurzvideos, deine Karriere-Entwicklung in die Hand zu nehmen, deine Stärken auszubauen und sichtbar zu machen.

SPRACHE SCHAFFT GESELLSCHAFTLICHE REALITÄT

Einander zu unterstützen und sichtbar zu machen, erfolgt vielfach über Sprache. Zahlreiche Studienergebnisse belegen, wie wichtig es ist, Frauen zu zeigen und ihnen durch mehr Präsenz Wirksamkeit zu verleihen. Das Verwenden von gendersensibler Ausdrucksweise ist eine einfache Möglichkeit, Sprache für mehr Erfolg in weiblich zu nutzen.
Viele – Männer wie Frauen – finden gendersensible Sprache jedoch unnötig und kompliziert. Einer aktuellen Umfrage des Marktforschungsinstitutes YouGov zufolge halten nur acht Prozent der befragten Männer und neun Prozent der befragten Frauen Gendern für sehr wichtig. Umgekehrt erachten rund 47 Prozent der Frauen und 54 Prozent der Männer geschlechtergerechte Sprache als sehr unwichtig. Für mich ist dieser Widerstand, Frauen zu fördern und ihnen ihren Platz in der Gesellschaft zuzugestehen, unverständlich und kann nur daran liegen, dass zu wenig bewusst ist, welche Auswirkungen fehlende Repräsentation von Frauen in der Sprache hat. Das folgende Beispiel illustriert, was damit gemeint ist:
Ein Vater und sein Sohn fahren gemeinsam im Auto und haben einen Autounfall. Der Vater ist sofort tot. Der Sohn wird mit Blaulicht ins Krankenhaus gefahren und sofort in den Operationssaal gebracht. Der Arzt besieht ihn sich kurz und meint, man müsse einen Spezialisten zu Rate ziehen. Dieser kommt, sieht den jungen Mann auf dem Operationstisch und meint: »Ich kann ihn nicht operieren, er ist mein Sohn.«
Wie ist das möglich?
Es ist die Sprache, die uns hier fehlgeleitet hat. Der Spezialist ist in unserem Kopf natürlich ein Mann. Dieses wunderbare Praxisbeispiel von Heidrun Stöger, Albert Ziegler und Hanna David veranschaulicht, wie sehr Sprache nach wie vor männlich dominiert ist und wie eindeutig diese Art von Sprache weibliche Realität ausradiert. In Studien wie dieser erkennen nur ein Drittel der Befragten die Lösung, da die Übersetzung des Gehörten in innere Bilder automatisch männerassoziiert ist.

Sprache macht gelebte Prioritäten sichtbar

Sprache entsteht als Abbild der Wirklichkeit, in der wir leben. Wörter, die wichtig sind, werden häufiger verwendet. Wenn es für etwas kein Wort gibt und benötigt wird, wird es geschaffen wie zum Beispiel Brexit, Smartwatch oder Medien-Detox. Gleiches gilt für Berufsbezeichnungen. Entwickeln sich neue Berufe, entsteht auch hier die zugehörige Benennung, wie Growth-Hacker:in, Hundesitter:in oder Influencer:in.

Geht es um präzisierende Begriffe, mit denen explizit Frauen bezeichnet werden, scheint der Bedarf an exakter Sprache spannenderweise nicht so hoch zu sein. Obwohl Frauen seit 150 Jahren in Europa Medizin studieren und als Ärztinnen tätig sind, sprechen wir landläufig immer noch von Ärzten und Medizinern, auch wenn Ärztinnen oder Medizinerinnen gemeint sind. Dies geht so weit, dass Frauen sogar über sich selbst in der männlichen Form sprechen und auf die Frage »Was machst du beruflich« mit »Ich bin Arzt« antworten.

Nicht benannte Spezialistinnen bleiben Spezialisten

Die Folge davon zeigt das Beispiel mit dem Spezialisten sehr gut: Dass es sich bei dem Spezialisten um eine Frau handelt, ist nahezu denkunmöglich, solange wir nicht explizit darauf hingewiesen werden. Wenn wir eine männliche Sprachform verwenden, verbinden wir damit Bilder von Männern. Ohne ausdrückliche Benennung des Geschlechts gehen Menschen weitgehend davon aus, dass der Arzt und der Facharzt männlich sind. Deshalb überrascht uns die Lösung der Geschichte, dass der Spezialist eine Frau – nämlich die Mutter des Verunglückten – ist.

Das ist ein Problem, denn mit der gelebten Praxis, männliche Sprache zu verwenden, verhindern wir nicht nur weibliche Sichtbarkeit, sondern es geht leider darüber hinaus: Wir erzeugen Bilder von Männern, selbst wenn Frauen Leistungen erbringen, wie die Spezialistin in unserem Beispiel. Ihre Leistung und Kompetenz werden einem Spezialisten – weil auch so bezeichnet – zugeschrieben. Das Ergebnis ist, dass wir selbst da, wo Frauen Gesellschaft gestalten, sie durch unpräzise und unachtsame Verwendung von Sprache aus der Wirklichkeit verdrängen.

Mitgemeint = unsichtbar

Das Argument, Frauen sind mitgemeint, mag theoretisch plausibel klingen, funktioniert praktisch aber nicht, weil durch das sprachliche Ausblenden von Frauen bestehende Stereotype weiter bestätigt werden. Wenn Frauen nicht explizit erwähnt werden, nehmen wir sie einfach nicht wahr. Im Sinne der Sichtbarkeit von Frauen, ist es also zwingend notwendig, Frauen in unsere Sprache zu integrieren. Es ist in erster Linie – oder zumindest im ersten Schritt – unsere Verantwortung als Frauen, für unsere Präsenz in der Welt zu sorgen.

Wenn wir wollen, dass weibliche Sichtbarkeit selbstverständlich wird und wir, unsere Töchter und Schwestern Ärztinnen, Drohnenpilotinnen und Robotik-Ingenieurinnen sein können und ohne Mehraufwand und zusätzliche Hindernisse gleiche Chancen haben, müssen wir sie benennen. So geben wir ihnen und ihren Möglichkeiten gesellschaftliche Realität.

 GENDERSENSIBLE SPRACHE LOHNT SICH

Gendern ist unnötig. → Nur wenn ich es unnötig finde, allen Menschen die gleichen Chancen einzuräumen.

Gegenderte Formen sind schwierig auszusprechen. → Genauso schwierig wie Spiegelei. Zwischen Spiegel und Ei ist die gleiche kurze Pause wie zwischen Lehrer und innen.

Gendern macht Sätze länger. → Ja. Länger, präziser und gerechter.

Gendern verkompliziert das Schriftbild. → Ja. Es benötigt in der Übergangsphase des Lernens eine gewisse Achtsamkeit in der Formulierung. Gleichzeitig ist die Anpassung der Sprache die einfachste und friedlichste Form, die Welt gerechter zu gestalten.

Don't fix the women, fix the system!

Der Power-Effekt zielt also nicht nur darauf ab, der einzelnen Frau zu mehr Kraft und Sichtbarkeit zu verhelfen. Es geht auch um eine Änderung eines gesellschaftlichen Konsens, der – solange Weibliches in ihm nicht benannt wird – Frauen schwächt.

Zur Veränderung und Entwicklung der gelebten Sprachpraxis kann jede von uns beitragen, denn Sprache ist nicht gottgegeben, sondern dynamisch. Sprache entsteht, wird geprägt und wandelt sich. Sprache drückt unsere Wirklichkeit aus – im gesprochenen und geschriebenen Wort. Genau hier können wir ansetzen. Jede Einzelne von uns kann mit jedem Wort ein neues Bild einer geschlechtergerechten Wirklichkeit schaffen.

- Sprache kann sich ändern.
- Sprache darf sich ändern.
- Sprache muss sich ändern.

Sprich über dich in der weiblichen Form. Bezeichne andere Frauen als Ärztinnen, Spezialistinnen und verwende ganz allgemein weibliche Begriffe. Mache Frauen auch in gemischten Runden sichtbar, indem du Männer und Frauen benennst. Vielleicht ist das am Anfang noch ungewohnt – das ändert sich aber rasch und nach einiger Zeit klingt es schon seltsam, wenn weibliche Endungen fehlen.

Uns Frauen einen Platz im gesprochenen Wort zu geben ist vor allem deshalb so wichtig, weil wir wissen, dass es eine Auswirkung darauf hat, wie einfach oder schwierig Frauen es in ihrem Leben haben. Weil wir damit Schritt für Schritt für mehr Sichtbarkeit und damit Gestaltungskraft von Frauen sorgen. Weil wir damit ein Zeichen der Anerkennung und Wertschätzung für das Wirken von Frauen in dieser Welt setzen. Und weil wir damit unsere Verbundenheit mit anderen Frauen leben. Jede von uns kann einen Beitrag leisten.

GESELLSCHAFT GEMEINSAM GESTALTEN

Der individuelle Power-Effekt wird durch eine Kultur des Miteinanders und der gegenseitigen Unterstützung zum kollektiven Power-Effekt. Diese Kraft sollten wir Frauen unbedingt nutzen. Suchen wir aktiv Gelegenheiten, einander die Hände zu reichen, uns zu »heben« und unsere »Schwestern« zu unterstützen.

Simone de Beauvoir definierte einst, Feminismus ist individuell zu leben und kollektiv zu kämpfen. Wir können diesen Appell für unsere gemeinsame Reise anpassen: »Ein gutes, selbstbestimmtes Leben liegt in deiner Hand. Gemeinsam kämpfen wir für das gute Leben für jede von uns.«

Die Gleichung des Power-Effekts ist bestechend einfach: Wenn jede von uns für sich selbst und ihre Stärke sorgt, haben wir alle zusammen mehr Kraft, einander Türen zu öffnen und miteinander Großes zu erreichen. So kann jede sich selbst – und wir einander – kraftvoll voranbringen.

DU HAST DICH FÜR DIESES BUCH ENTSCHIEDEN ...

... weil du vorankommen und etwas in deinem Leben verändern willst. Von wo aus auch immer du deine Reise gestartet hast – ob du mehr Kraft oder Orientierung gesucht hast, den Ruf nach »mehr vom eigenen Leben haben« verspürt hast oder Strategien entwickeln wolltest, um deine Träume zu verwirklichen: Danke, dass du mit mir auf diese Reise gegangen bist! Ich hoffe, du bist gut angekommen und genießt den Antrieb, der du nun selbst für dich bist, und spürst die Kraft, die du dir und anderen schenken kannst.

Der 5-Step-Power-Plan dient dir als Struktur für deinen Erfolg in weiblich. Du kannst immer wieder auf ihn zurückgreifen. Dein persönlicher Power-Effekt entsteht durch die konsequente Anwendung der einzelnen Elemente des Power-Plans. Nutze all das, was für dich und deine Zukunft hilfreich ist, und bleib dran an deinem guten Leben! Lass dich von nichts und niemandem aufhalten. Schau dabei gut auf dich und nimm andere Frauen mit auf die Reise zu einem erfüllten Leben. Das ist die Gleichung des Power-Effekts: Wenn jede von uns für sich selbst und ihre Stärke sorgt, haben wir alle gemeinsam mehr Kraft. Wenn wir zusammenhalten, wachsen wir zusammen und kommen gemeinsam voran. So werden wir zur Veränderung, die wir Frauen und die Welt insgesamt braucht.

Ich freue mich, wenn du mich an deiner Reise teilhaben lässt. Schreib mir, was dir gut gelungen ist und welche Gedanken, Modelle und Werkzeuge dir eine besondere Inspiration waren. Hol dir Unterstützung bei anderen Frauen und reiche anderen Frauen die Hand. Am besten so oft wie möglich. Dann wird eines Tages mein Traum von einer Welt, in der Frauen ihre Talente, Fähigkeiten und Begabungen frei entfalten und wir gemeinsam Erfolg in weiblich leben, in Erfüllung gehen.

So erreichst du mich: *nathalie.karre@accelor.at*

LITERATUR & QUELLEN

Abouzahr, Katie; Krentz, Matt; Harthorne, John; Taplett, Frances Brooks (2018). Why Women-Owned Startups Are a Better Bet? Boston Consulting Group

Ambady, Nalini; Shih, Margaret; Kim, Amy; Pittinsky, Todd (2001). Stereotype Susceptibility in Children: Effects of Identity Activation on Quantitative Performance. Psychological Science, 12(5): 385–390

Babcock, Linda; Recalde, Maria; Vesterlund, Lise; Weingart, Laurie (2017). Gender Differences in Accepting and Receiving Requests for Tasks with Low Promotability. American Economic Review, 107(3): 714–747

Bartholomew, Cheryl; Schnorr, Dana (1991). Gender Equity: Educational Problems and Possibilities for Female Students. Graduate School of Education, George Mason University

Baumeister, Roy; Tierney, John (2022). Die Macht der Disziplin: Wie wir unseren Willen trainieren können. Frankfurt/New York: Campus

Blair, Irene; Ma, Jennifer; Lenton, Alison (2001). Imaging Stereotypes Away: The Moderation of Implicit Stereotypes through Mental Imagery. Journal of Personality and Social Psychology, 81: 828–841

Bohnet, Iris (2022). What Works. Wie Verhaltensdesign die Gleichstellung revolutionieren kann. München: Beck

Bruckmüller, Susanne; Ryan, Michelle; Rink, Floor; Haslam, Alexander (2014). Beyond the glass ceiling. The glass cliff and its lessons for organizational policy. Social Issues and Policy Review, 8(1): 202–232

Brumfitt, Taryn (2017). Embrace – Du bist schön [Dokumentarfilm]. Australien

Bücker, Teresa (2022). Alle_Zeit. Eine Frage von Macht und Freiheit. Berlin: Ullstein

Bundekanzleramt (2023). Equal Pay Day 2023 in Österreich. https://www.bundeskanzleramt.gv.at/frauenservice-portal/aktuell/equal-pay-day-2023-in-oesterreich.html (15.11.2023)

Bundekanzleramt. Gender Daten: Frauen und Männer in Österreich (2021). https://www.bundeskanzleramt.gv.at/agenda/frauen-und-gleichstellung/gender-mainstreaming-und-budgeting/gender-daten-index.html (15.11.2023)

Bundesministerium für Familie, Senioren und Frauen (2019). Gender Care Gap – ein Indikator für die Gleichstellung. https://www.bmfsfj.de/bmfsfj/themen/gleichstellung/gender-care-gap/indikator-fuer-die-gleichstellung/gender-care-gap-ein-indikator-fuer-die-gleichstellung-137294 (13.11.2023)

Carli, Linda; Eagly, Alice (2011). Gender and Leadership. Sage Handbook of Leadership: 103–117

Camerer, Colin F. (2003). Behavioral game theory: Experiments in strategic interaction. Russell Sage Foundation. Russell Sage Foundation

Chen, Cynthia; Maung, Kenwin; Rowe, John (2021). Gender differences in countries' adaptation to societal ageing: an international cross-sectional comparison. The Lancet Healthy Longevity, 2(8): E460–E469

Cheryan, Sapna; Plaut, Victoria; Davies, Paul; Steele, Claude (2009). Ambient Belonging: How Stereotypical Cues Impact Gender Participation in Computer Science. Journal of Personality and Social Psychology, 97: 1045–1060

Criado-Perez, Caroline (2020). Unsichtbare Frauen. Wie eine von Daten beherrschte Welt die Hälfte der Bevölkerung ignoriert. München: btb Verlag

Danaher, Kelly; Crandall, Christian (2008). Stereotype Threat in Applied Settings Re-Examined. Journal of Applied Social Psychology, 38: 1639–1655.

Davidai, Shai; Gilovich, Thomas (2018). The ideal road not taken: The self-discrepancies involved in people's most enduring regrets. Emotion, 18(3): 439–452

Dömötör, Rudolf; Schlömmer, Monique; Wiesner, Johanna (2022). Female Startups & Investing Report: Report für das Bundesministerium für Digitalisierung und Wirtschaftsstandort

Duckworth, Angela; Seligman, Martin (2005). Self-Discipline Outdoes IQ in Predicting Academic Performance of Adolescents. Psychological Science, 16 (12): 939–944

Dun & Bradstreet (2023). Women in Business 2023. https://hello.dnb.com/rs/145-JUC-481/images/RP_Women-in-Business_2023_DE.pdf (15.11.2023)

Dweck, Carol (2017). Selbstbild. Wie unser Denken Erfolge oder Niederlagen bewirkt. München: Piper

Eagly, Alice (2007). Female Leadership Advantage And Disadvantage: Resolving The Contradictions. Psychology of Women Quarterly 35: 1–12

Eagly, Alice; Carli, Linda (2007). Women and the Labyrinth of Leadership. https://hbr.org/2007/09/women-and-the-labyrinth-of-leadership (15.11.2023)

Eckel, Catherine; Füllbrunn, Sascha (2015). Thar She Blows? Gender, Competition, and Bubbles in Experimental Asset Markets. American Economic Review, 105: 906–920

EMMA (2022). Ein anderer Blick. Feministischer Comic gegen die Zumutungen des Alltags. München: Unrast

FitzGerald, Chloë; Martin, Angela; Berner, Delphine (2019). Interventions designed to reduce implicit prejudices and implicit stereotypes in real world contexts: a systematic review. BMC Psychology, 7: 29

Fredrickson, Barbara (2001). The Role of Positive Emotions in Positive Psychology. The American psychologist, 56(3): 218–226

Fulton, Sarah; Maestas, Cherie; Stone, Walter (2006). The Sense of a Women: Gender, Ambition and the Decision to Run for Congress. Political Research Quarterly, 59: 235–248

Global Gender Gap Report 2022 (2022). https://www.weforum.org/publications/global-gender-gap-report-2022/ (15.11.2023)

Grant, Adam (2013). Geben und Nehmen. München: Droemer Verlag

Groeneveld, Sandra; Bakker, Vincent; Schmidt, Eduard (2019). Breaking the glass ceiling, but facing a glass cliff? The role of organizational decline in women's representation in leadership positions in Dutch civil service organizations. Public Administration, 98(2): 441–464

Haager, Theresa; Hudelist, Simone (2023). Frauen.Management.Report.2023. Kammer für Arbeiter und Angestellte für Wien

Harms, F. (2023) Durchschnittliche tägliche Fernsehdauer in Deutschland in den Jahren 1997 bis 2022. Statista: https://de.statista.com/statistik/daten/studie/118/umfrage/fernsehkonsum-entwicklung-der-sehdauer-seit-1997/ (15.11.2023)

Heesen, Boris von (2022). Was Männer kosten. Der hohe Preis des Patriarchats. München: Heyne

Heilman, Madeline E.; Eagly, Alice H. (2016). Gender and leadership: Introduction to the special issue. The Leadership Quarterly, 27: 349–353

Hofmann, Katharina; Koch, Sarah; Alexandra, Tschacher; Ulferts, Claudia (2023). Spannungsfeld Männlichkeit. So ticken junge Männer zwischen 18 und 35 Jahren in Deutschland. Plan International Deutschland eV.

Holt-Lunstad, Julianne; Smith, Timothy (2015). Loneliness and Social Isolation as Risk Factors for Mortality: A Meta-Analytic Review. Sage Journals. Perspectives on Psychological Science, 10(2): 227–237

Hufnagl, Bernd (2023): Future Brain: Wie meistert unser Gehirn die Zukunft? https://www.youtube.com/watch?v=178sd1FGYqw (15.11.2023)

Ibarra, Herminia; Carter, Nancy; Silva, Christine (2010). Why Men Still Get More Promotions than Women. https://hbr.org/2010/09/why-men-still-get-more-promotions-than-women (15.11.2023)

Irani, Sherry (2012). Angeboren oder anerzogen? Psychologische Geschlechterunterschiede in der Differenziellen Psychologie. Nordstedt: GRIN

Jaffe, Sarah (2021). Work won't love you back. London: C. Hurst & Co.

Kleinert, Corinna; Leuze, Kathrin; Hausmann, Ann-Christin (2015). Entwertung von Frauenberufen oder Entwertung von Frauen im Beruf? Eine Längsschnittanalyse zum Zusammenhang von beruflicher Geschlechtersegregation und Lohnentwicklung in Westdeutschland. Kölner Zeitschrift für Soziologie und Sozialpsychologie, 67(2): 217–242

Kolodziejczyk, Aleksandra; Wratschko, Karl (2020). Präsenz [Kinofilm]. Österreich

Konigorski, Monika (2013). Frauen in der Kirche: Prophetinnen, Jüngerinnen, Apostelinnen. https://www.deutschlandfunk.de/frauen-in-der-kirche-prophetinnen-juengerinnen-apostelinnen-100.html (15.11.2023)

Lally, Philippa; Jaarsveld, Cornelia H. M. van; Potts, Henry W. W.; Wardle, Jane (2010). How are habits formed: Modelling habit formation in the real world. European Journal of Social Psychology, 40(6): 998–1009

Lamm, Lisa (2023). Der Matilda-Effekt: Wie Frauen in der Wissenschaft unsichtbar werden. https://www.nationalgeographic.de/geschichte-und-kultur/2023/02/diskriminierung-der-matilda-effekt-wie-frauen-in-der-wissenschaft-unsichtbar-werden (15.11.2023)

Langston, Jennifer (2015). Who's a CEO? Google image results can shift gender biases. UW News. https://www.washington.edu/news/2015/04/09/whos-a-ceo-google-image-results-can-shift-gender-biases/ (15.11.2023)

Latu, Ioana M.; Schmid Mast, Marianne; Lammers, Joris; Bombari, Dario (2013). Successful Female Leaders Empower Women's Behavior in Ledership Taks. Journal of Experimental Social Psychology, 49(3): 444–448

Lohmeier, L. (2023). Tägliche Verweildauer auf Social Networks weltweit nach Ländern 2021. Statista: https://de.statista.com/statistik/daten/studie/160137/umfrage/verweildauer-auf-social-networks-pro-tag-nach-laendern/ (15.11.2023)

Lohmeier, L. (2023). Nutzung von sozialen Medien für Nachrichten und Unterhaltung in Europa 2022. Statista: https://de.statista.com/statistik/daten/studie/1333184/umfrage/nutzung-der-sozialen-medien-fuer-nachrichten-und-unterhaltung-in-europa/ (15.11.2023)

Lücker, Kerstin; Daenschel, Ute (2017). Weltgeschichte für junge Leserinnen. Zürich: Kein & Aber

Martin, Joanne (2007). Gender-Related Material in the New Core Curriculum. https://www.gsb.stanford.edu/experience/news-history/gender-related-material-new-core-curriculum (13.11.2023)

McConnell, Allen; Fazio, Russell (1996). Women as Men and People: Effects of Gender-Marked Language. Personality and Social Psychology Bulletin, 22(10): 1004–1013

McGinn, Kathleen; Milkman, Katy (2010). Will I Stay or Will I Go? Cooperative and Competitive Effects of Workgroup Sex and Race Composition on Turnover. Harvard Business School: Harvard Business School NOM

McGinn, Kathleen; Tempest, Nicole (2000, revised April 2010). »Heidi Roizen«. Harvard Business School Case 800-228

Martinsen, Øyvind; Glasø, Lars (2013). Personlighet og ledelse. Livet som leder. Lederundersøkelsen, 3.0: 47–72

Mischel, Walter (2016). Der Marshmallow-Effekt: Wie Willensstärke unsere Persönlichkeit prägt. München: Pantheon

Murphy, Emily; Oesch, Daniel (2015). The Feminization of Occupations and Change in Wages: A Panel Analysis of Britain, Germany and Switzerland. Social Forces, 94(3): 1221–1255

Nicholson, John (1993). Men and Women: How Different Are They? Oxford: Oxford University Press

Noh, Eun Young; Atwood, Jonathan Richard Edward; Lee, Ellen; Craig, Matthew. J. (2022). Female crash fatality risk relative to males for similar physical impacts (Report No. DOT HS 813 358). National Highway Traffic Safety Administration

Paluck, Elizabeth L.; Green, Donald (2009). Prejudice Reduction: What Works? A Review and Assessment of Research and Practice. Annual Review of Psychology, 60: 339–367

Pande, Rohini; Datla, Anjani (2013). Women as Leaders: Lessons from Political Quotas in India. Harvard Kennedy School, 1996.0.

Pensionsversicherungs-Jahresstatistik (2022). MA 23 – Wirtschaft, Arbeit und Statistik der Stadt Wien https://www.staedtebund.gv.at/themen/frauen/equal-pension-day/ (15.11.2023)

Pernegger, Maria (2021). Frauen – Politik – Medien 2021. Media Affairs

Prommer, Elisabeth; Christine, Linke (2017). Audiovisuelle Diversität? Geschlechterdarstellungen in Film und Fernsehen in Deutschland. Institut für Medienforschung, Philosophische Fakultät, Universität Rostock

Radtke, Rainer (2023). Statistiken zu Schönheitsoperationen. Statista: https://de.statista.com/themen/1058/schoenheitsoperationen/#topicOverview (15.11.2023)

Reden, Armgard von (2022). Weibliche Außenpolitik: Frauen brechen keine Kriege vom Zaun. https://www.welt.de/debatte/kommentare/article237374339/Weibliche-Aussenpolitik-Frauen-brechen-keine-Kriege-vom-Zaun.html (15.11.2023)

Rizzo, John; Zeckhauser, Richard (2007). Pushing Incomes to Reference Points; Why Do male Doctors Earn More? Journal of Economic, Behavior & Organization, 63: 514–536

Rodriguez, Leah/Koch, Tanja (2021). Diese 6 Zahlen zeigen, dass Frauen in den Medien unterrepräsentiert sind. https://www.globalcitizen.org/de/content/women-media-representation-facts/ (15.11.2023)

Ryan, Michelle; Haslam, Alexander (2005). The Glass Cliff: Evidence that Women are Over-Represented in Precarious Leadership Positions. British Journal of Management, 16(2): 81–90

Sakura-Wöss, Fleur (2021). Innehalten. Zen üben – Atem holen – Kraft schöpfen. München: btb Verlag

Scheu, Ursula (1977). Wir werden nicht als Mädchen geboren – wir werden dazu gemacht. Berlin: S. Fischer

Seligman, Martin (2012). Flourish. Wie Menschen aufblühen. Die positive Psychologie des gelingenden Lebens. München: Kösel

SRF (2021). Warum die Medizin den Patienten besser versorgt als die Patientin. https://www.srf.ch/wissen/gesundheit/gendergap-in-der-medizin-warum-die-medizin-den-patienten-besser-versorgt-als-die-patientin (15.11.2023)

Sone, Oshimasa; Nakaya, Naoki; Ohmori, Kaori; Shimazu, Taichi; Higashiguchi, Mizuka; Kakizaki, Masako; Kikuchi, Nobutaka; Kuriyama, Shinichi; Tsuji, Ichiro (2008). Sense of life worth living (Ikigai) and mortality in Japan: Ohsaki study. Tohoku Medical Megabank Organization (ToMMo), Tohoku University

Soyoung, Han; Noland, Marcus (2020). Companies with women in leadership positions are more profitable than those without. Peterson Institute for International Economics

Spitzer, Manfred (2014). Digitale Demenz. München: Droemer Verlag

Stahlberg, Dagmar (2020). Warum gibt es immer noch so wenige Frauen in Führungspositionen? Universität Mannheim. https://www.youtube.com/watch?v=qK-C4tAhEng (15.11.2023)

Statistisches Bundesamt (Destatis) (2022). Pressemitteilung Nr. N 012 vom 7. März 2022. https://www.destatis.de/DE/Presse/Pressemitteilungen/2022/03/PD22_N012_12 (15.11.2023)

Striebing, Clemens (2021). Karriere-Killer Gender Bias. Fraunhofer IAO

Stoeger, Heidrun; Ziegler, Albert; David, Hanna (2004). What is a Specialist? Effects of the Male Concept of a Successful Academic Person on Performance in a Thinking Task. Psychology Science, 46 (4): 514–530

Straubinger, Peter; Fensl, Margit; Karré, Nathalie (2019). Der Jungbrunnen-Effekt. Wien: Kneipp Verlag Wien

Straubinger, Peter; Fensl, Margit; Karré, Nathalie (2019). Der Jungbrunnen-Effekt. Mein Praxisbuch. Wien: Kneipp Verlag Wien

Tricht, Jens van (2020). Warum Feminismus gut für Männer ist. Berlin: CH. Links Verlag

UN Women (k. D.). Facts and figures: Women's leadership and political participation. https://www.unwomen.org/en/what-we-do/leadership-and-political-participation/facts-and-figures (15.11.2023)

Vervecken, Dries; Hannover, Bettina (2015). Yes I can! Effects of gender fair job descriptions on children's perceptions of job status, job difficulty, and vocational self-efficacy. Social Psychology, 46: 76–92

Vesterlund, Lisa; Babcock, Linda; Recalde, Maria; Weingart, Laurie (2015). Breaking the Glass Ceiling with »No«. Gender Differences in Declining Requests for Non-Promotable Tasks. Working Paper 5663, Department of Economics, University of Pittsburgh

Wajcman, Judy (2015). Pressed for Time. The Acceleration of Life in Digital Capitalism. Chicago & London: University of Chicago Press

Ware, Bronnie (2015). 5 Dinge, die Sterbende am meisten bereuen. München: Goldmann

Ware, Bronnie; Korsmeier, Antje (2014). Leben ohne Reue: 52 Impulse, die uns daran erinnern, was wirklich wichtig ist. München: Arkana

Wittenberg-Cox, Avivah (2021). Data Shows Women Make Better Leaders. Who Cares? https://www.forbes.com/sites/avivahwittenbergcox/2021/03/06/data-shows-women-make-better-leaders-who-cares/?sh=537ec79446be (15.11.2023)

Wolf, Christof (2006). Psychosozialer Stress und Gesundheit: Belastungen durch Erwerbsarbeit, Hausarbeit und soziale Beziehungen. Kölner Zeitschrift für Soziologie und Sozialpsychologie, Sonderheft 46: 158–176

World Economic Forum (2023). Global Gender Gap Report 2023. https://www.weforum.org/publications/global-gender-gap-report-2023/ (15.11.2023)

Woolley, Anita; Aggarwal, Ishani; Malone, Thomas (2015). Collective intelligence in teams and organizations. Cambridge, Massachusetts: MIT Press

YouGov (2023). Finden Sie geschlechtergerechte Sprache, sogenanntes Gendern, wichtig oder unwichtig? https://yougov.de/topics/lifestyle/survey-results/daily/2023/03/07/5cbaa/2 (15.11.2023)

Zeichensetzen (2021). Leitfaden für eine geschlechtergerechte Sprache, https://www.zeichensetzen.jetzt/wp-content/uploads/2021/07/2021_AA_Leitfaden_geschlechtergerechte_Sprache-1.pdf (15.11.2023)

Zenger, Jack; Folkman, Joseph (2019) Research: Women Score Higher Than Men in Most Leadership Skills. https://hbr.org/2019/06/research-women-score-higher-than-men-in-most-leadership-skills (15.11.2023)

LIEBE LESERIN,

Hat dir dieses Buch gefallen?
Dann freuen wir uns über deine Weiterempfehlung. Erzähle davon im
Freundeskreis, berichte deiner Buchhändlerin oder bewerte beim Onlinekauf.
Wünschst du weitere Informationen? Möchtest du mit der Autorin in Kontakt treten?
Wir freuen uns auf Austausch und Anregung unter post@styriabooks.at
Inspiration, Geschenkideen und gute Geschichten findest du auf www.styriabooks.at

www.power-effekt.com
www.nathalie-karre.at
www.academyoffulfilledlife.at

@nathalie-karré | @nathalie_karre
@StyriaBuchverlage
#PowerEffekt #femaleempowerment #Women4Women #AcademyofFulfilledLife

STYRIA BUCHVERLAGE

© 2023 by Kneipp Verlag Wien
in der Verlagsgruppe Styria GmbH & Co KG
Wien – Graz
Alle Rechte vorbehalten.
ISBN 978-3-7088-0838-3
Lektorat: Teresa Profanter
Buch- und Covergestaltung:
BUCH & DESIGN Vanessa Weuffel
Fotos: Johanna Lederer (S. 7 und
Umschlagklappe), Edith Held (S. 6)
Projektleitung: Ilka Grunenberg
Druck und Bindung: Graspo, Zlin
7 6 5 4 3 2 1
Printed in the EU

Buchbonus:
Download auch auf
www.power-effekt.com
Passwort: Sisterhood

Alle Inhalte und Hinweise in diesem Buch wurden von der Autorin und vom Verlag nach bestem Wissen und größtmöglicher Sorgfalt erstellt und geprüft. Eine Garantie kann dennoch nicht übernommen werden. Eine Haftung der Autorin bzw. des Verlags und seiner Beauftragten für Personen-, Sach- und Vermögensschäden ist daher ausgeschlossen.

Sollte diese Publikation Links auf Webseiten Dritter enthalten, so übernehmen wir für deren Inhalte keine Haftung, da wir uns diese nicht zu eigen machen, sondern lediglich auf deren Stand zum Zeitpunkt der Veröffentlichung verweisen.